Sobre
O Dom da Empatia

"Ao compartilhar seus anos de experiência e sabedoria, a Dra. Orloff fornece conselhos práticos sobre como cultivar empatia de forma mais profunda e razoável."

SHARON SALZBERG

Autora de *Lovingkindness* and *Real Life*

"*O Dom da Empatia*, escrito pela psiquiatra Judith Orloff, é mais necessário do que nunca — a falta de empatia no mundo tirou a saúde e a felicidade de muitos. Este é um guia transformador que nos ajuda a curar a mente, aliviar o sistema nervoso e nos reconectar uns com os outros. Recomendadíssimo."

DR. DANIEL G. AMEN

Autor best-seller do *New York Times* de *Change Your Brain Every Day*

"A Dra. Judith Orloff nos presenteou com um livro brilhante que explora o dom e o poder da empatia. Só ela conseguiria descrever a graciosidade da empatia com uma precisão psicológica tão maravilhosa. Uma contribuição magnífica para que todos consigamos nos curar."

CAROLINE MYSS

Autora best-seller do *New York Times* de *Anatomy of the Spirit*

"*O Dom da Empatia* é uma abordagem com profunda capacidade de cura que nos leva em uma jornada cheia de sabedoria para descobrirmos como mostrar empatia conosco e com os outros. Utilizando os exercícios da Dra. Judith Orloff, você aprenderá a abordar tanto a adversidade quanto a felicidade com compaixão. Fortalecerá todos os seus relacionamentos e a sua conexão com o mundo ao seu redor. É leitura obrigatória para todas as pessoas empatas e sensíveis entre nós."

ANITA MOORJANI

Autora best-seller do *New York Times* de *Sensitive Is the New Strong*

"É fácil se identificar com este livro poderoso que nos ajuda a desbloquear nosso verdadeiro potencial empático. A Dra. Orloff traz sua vasta e impagável experiência médica e expertise clínica à sua abordagem desse assunto tão importante. Ela nos guia passo a passo na jornada para despertar nosso dom da empatia."

ALEX HOWARD

Autor de *It's Not Your Fault* e apresentador da Trauma Super Conference

"*O Dom da Empatia* vai melhorar sua vida imediatamente, ajudando-o a ser mais gentil com você mesmo, a parar de pensar demais nas coisas e de assumir o estresse dos outros. Este livro também aprimorará suas habilidades de comunicação, especialmente ao lidar com pessoas complicadas. Há tanta gente correndo atrás da cura que o livro cuidadoso da Dra. Orloff oferece. Recomendadíssimo."

IYANLA VANZANT

Autora best-seller do *New York Times* de *One Day My Soul Just Opened Up*

O Dom da EMPATIA

Outros livros da Dra. Judith Orloff

The Empath's Survival Guide: Life Strategies for Sensitive People

Thriving as an Empath: 365 Days of Self-Care for Sensitive People

Affirmations for Empaths: A Year of Guided Journaling

The Empath's Empowerment Journal: Your Self-Care Companion

The Empath's Empowerment Deck: 52 Cards to Guide and Inspire Sensitive People

Liberdade Emocional: Liberte-se da Emoção Negativa e Transforme Sua Vida

Positive Energy: 10 Extraordinary Prescriptions for Transforming Fatigue, Stress, and Fear into Vibrance, Strength, and Love

Second Sight: An Intuitive Psychiatrist Tells Her Extraordinary Story and Shows You How to Tap Your Own Inner Wisdom

Prefácio de Sua Santidade, o Dalai Lama

O Dom da EMPATIA

CONSELHOS PRÁTICOS
para Curar Pessoas Sensíveis,
Seus Relacionamentos
e o Mundo

Dra. Judith Orloff

ALTA BOOKS
GRUPO EDITORIAL
Rio de Janeiro, 2025

O Dom da Empatia

ISBN: 978-85-508-2582-3

Alta Life é uma Editora do Grupo Editorial Alta Books.

Translated from original The Genius of Empathy © 2024 by Judith Orloff. ISBN 978-1-683-64971-7. This translation is published and sold by Sounds True Inc., the owner of all rights to publish and sell the same. PORTUGUESE language edition published by Starlin Alta Editora e Consultoria Eireli,

Impresso no Brasil — 1ª Edição, 2025 — Edição revisada conforme o Acordo Ortográfico da Língua Portuguesa de 2009.

Dados Internacionais de Catalogação na Publicação (CIP)
(BENITEZ Catalogação Ass. Editorial, MS, Brasil)

O72d
1.ed. Orloff, Judith
O dom da empatia : conselhos práticos para curar pessoas sensíveis, seus relacionamentos e o mundo / Judith Orloff ; tradução Isabella Veras. – 1.ed. – Rio de Janeiro : Alta Life, 2025.
272 p.; il.; 15,7 x 23 cm.

Título original: The genius of empathy.
ISBN 978-85-508-2582-3

1. Autoajuda. 2. Conselhos – Aspectos psicológicos. 3. Empatia (Psicologia). 4. Inteligência emocional. 5. Relações humanas. 6. Transformação pessoal. I. Título.

04-2025/216 CDD 158.1

Índice para catálogo sistemático:
1. Empatia : Aconselhamentos : Psicologia 158.1
Aline Graziele Benitez – Bibliotecária – CRB-1/3129

Grupo Editorial Alta Books

Produção Editorial: Grupo Editorial Alta Books
Diretor Editorial: Anderson Vieira
Editor da Obra: Gorki Starlin
Vendas Governamentais: Cristiane Mutüs
Gerência Comercial: Claudio Lima

Produtor Editorial: Thiê Alves
Tradução: Isabella Veras
Copidesque: Ellen Andrade
Revisão: Denise Himpel
Diagramação: Joyce Matos

ALTA BOOKS
GRUPO EDITORIAL

Rua Viúva Cláudio, 291 — Bairro Industrial do Jacaré
CEP: 20.970-031 — Rio de Janeiro (RJ)
Tels.: (21) 3278-8069 / 3278-8419
www.altabooks.com.br — altabooks@altabooks.com.br
Ouvidoria: ouvidoria@altabooks.com.br

Editora **afiliada à:**

ASSOCIADO

Ao meu mestre, Wong Lo Sin See

Lá fora, além das ideias
de certo e errado, há um campo.
Encontro você lá.

Rumi (*trad. Coleman Barks*)

Agradecimentos

Sou muito grata às várias pessoas que apoiaram tão generosamente a minha escrita e natureza empática.

Richard Pine, meu agente literário espetacular que não mede esforços para defender meu trabalho. Minha gratidão será eterna.

Susan Golant, minha editora habilidosa que me ajudou a planejar este livro.

Rhonda Bryant, minha assistente de confiança talentosa e empática que ouve minhas teorias em primeira mão.

Corey Lyon Folsom, meu companheiro amoroso e talentoso, meu porto seguro durante o processo maluco de criação deste livro, e em todos os outros momentos.

Camille Maurine e Dr. Lorin Roche, meus amigos queridos com quem posso debater minhas ideias durante caminhadas mágicas à beira-mar.

Dr. Ron Alexander, meu irmão de alma, colega de trabalho e amigo de confiança.

Agradeço especialmente à equipe extraordinária da Sounds True: Tami Simon, Jennifer Brown, Sarah Stanton, Jamie Schwalb, Brian Galvin, Lisa Kerans, Mike Onorato, Chloé Prusiewicz e Jade Lascelles.

Além disso, expresso minha profunda gratidão aos meus colegas de trabalho, amigos e família por terem me inspirado, contado suas histórias e contribuído para este livro. Seu apoio contínuo alimentou meu trabalho: Kate Arnesen, Barbara Baird, Carol Beaudoin, Dr. Charles Blum, Laurie Sue Brockway, Ann Buck, Sarah Beth Rena Connor, Meg Crighton-Schultz, Lily Dulan, Felice Dunas, Susan Foxley, Berenice Glass, Dr. Temple Grandin, Reggie Jordan, Pamela Jane Kaplan, Scott Kuipers, Danise Lehrer, Cathy Lewis, Meg McLaughlin, Dr. Richard Metzner, Kim Molloy, Daoshing Ni, Liz Olson, Dean Orloff, Maxine Orloff, Scott Orloff, Rabbi Don Singer, Leong Tan, Josh Touber, Mary Williams e meu fiel grupo de escritores de segunda à noite.

Sempre fico inspirada pelos meus pacientes, alunos das oficinas e participantes dos meus programas de treinamento de empatia, que nunca deixam de me ensinar tanto. Também me sinto honrada de supervisionar os residentes de psiquiatria incorporarem a empatia à sua formação médica. Mudei quaisquer detalhes que possam identificar essas pessoas para proteger sua privacidade.

Por fim, agradeço aos mais de 22 mil membros do grupo Dr. Orloff's Empath Support Community no Facebook. Fico muito feliz de ver vocês abraçarem a empatia e fazerem de suas vidas e do mundo um lugar mais carinhoso.

Sobre a Autora

A Dra. JUDITH ORLOFF é uma psiquiatra certificada, professora da Faculdade de Clínica Psiquiátrica da UCLA e autora de vários best-sellers do *New York Times*. Ela é uma das maiores vozes nos campos da medicina, psiquiatria, empatia e do desenvolvimento intuitivo. Entre seus livros estão *The Empath's Survival Guide*, *Thriving as an Empath*, *Liberdade Emocional*, *Positive Energy* e *Second Sight*.

O trabalho da Dra. Orloff já foi mencionado em diversas mídias, como CNN, NPR, *Talks at Google*, TEDx e na Associação Americana de Psiquiatria (APA). Ela também já apareceu em *USA Today*; *O, The Oprah Magazine*; *Scientific American* e *The New England Journal of Medicine*. Sua especialidade é o tratamento de pessoas extremamente sensíveis em seu consultório. Ela também oferece programas de treinamento de empatia para organizações. Para mais inspirações e informações sobre a newsletter e a comunidade de apoio aos empatas da Dra. Orloff no Facebook, acesse drjudithorloff.com [conteúdo em inglês].

Sumário

PARTE 2
Curando os Relacionamentos

PARTE 3
Curando o Mundo

O DALAI LAMA

Prefácio

A EMPATIA É UMA das qualidades mais maravilhosas da humanidade. A partir de uma atenção profunda à verdade fundamental da nossa existência humana de que todos desejamos alcançar a felicidade e superar o sofrimento, sentimos empatia e proximidade uns com os outros. A compaixão, por outro lado, vai além de se sentir mal por alguém, porque quando temos compaixão, não só sentimos a dor do outro, mas também ativamos um desejo de fazer algo a respeito dela. E é isso que nos dá coragem e força interior.

Antigamente, pensava-se que mesmo emoções positivas como a empatia surgiam espontaneamente em nós como resposta aos sentimentos dos outros. Agora é mais reconhecido que essas habilidades sociais e emocionais podem ser ensinadas e aprendidas. Neste livro, *O Dom da Empatia*, Judith Orloff oferece conselhos práticos sobre o cultivo e o aprimoramento da empatia, o que acredito que os leitores saberão valorizar.

Hoje, somos oito bilhões de seres humanos e todos precisamos conviver, então reconhecer a unicidade da humanidade é mais necessário do que nunca. Cultivar o reconhecimento da nossa humanidade comum é um jeito de criar empatia, o que pode ser a base para a criação de um mundo mais feliz e pacífico.

Sua Santidade, o 14º Dalai Lama
7 de novembro de 2023

Começando a Jornada

COMO MÉDICA, SOU OBCECADA com a cura.

Dediquei os últimos trinta anos da minha vida à integração da minha formação médica convencional — que inclui um diploma de medicina da Universidade do Sul da Califórnia (USC) e uma residência em psiquiatria na Universidade da Califórnia em Los Angeles (UCLA) — com minhas sensibilidades enquanto empata para ajudar na cura dos meus pacientes. Em todos os cenários em que trabalhei, inclusive no meu consultório particular, nos hospitais, asilos e programas de combate à dependência química, fico admirada com a capacidade milagrosa do corpo e da mente de se reerguerem das cinzas feito uma fênix frente a desafios que parecem impossíveis, como doenças, traumas e luto, e começarem a se curar. O que me move e alimenta a minha paixão é identificar técnicas que funcionam em termos práticos na vida real.

Se você está pronto para uma mudança que vai acelerar seu processo de cura em todas as áreas da sua vida, a empatia é um superpoder cotidiano sempre ao alcance de todos — no trabalho, com a família e os amigos e em todas as situações. Uma vida empática não é ser "santo" ou renunciar a todos os privilégios ou ao senso comum. A empatia é uma habilidade prática cotidiana que pode ser aprendida, não simplesmente um objetivo idealista que "parece bom". Esse dom pode ser alcançado por todos.

Vira e mexe testemunho a habilidade da empatia de ajudar na minha cura e na dos meus pacientes. Mostrar empatia com você mesmo ou recebê-la dos outros pode facilitar um desafio de saúde física ou emocional. Ela ameniza a dor e qualquer conflito, pois alivia a ansiedade, é misericordiosa contra a depressão e informa que não estamos sozinhos. Também é possível se contagiar com a alegria dos outros, já que a empatia nos ajuda a viver uma sensação de generosidade budista: "Minha felicidade é a sua. Não há maior felicidade neste mundo." Você será cada vez mais capaz de experimentar essa generosidade de espírito.

A empatia em si é um ato que cura, seja você o agente ou o objeto dela. É um jeito de dizer "o outro é importante para mim", "a terra é importante para mim", "ser gentil comigo e com os outros é importante para mim". Você não é invisível nem esquecido. Os outros o veem. Ouvem-no. Valorizam-no.

A cura pode ter muitas formas. Às vezes, ela é física, mas nem sempre. Também pode ser mental, emocional e, ainda, espiritual. Ela não precisa necessariamente significar uma recuperação total de um estado de saúde e nem sempre equivale a uma cura completa. Na verdade, pode ser uma pessoa que aprende a conviver com uma dor ou doença crônica, por exemplo, de maneiras mais positivas. Com a empatia, você trará benevolência à cura, quer ela se manifeste de maneira simples ou mais abrangente.

Este livro foca os três maiores poderes da empatia: aplicá-la a si mesmo, aos outros e ao resto do mundo. A empatia é a prática de doar e receber com intenção. Estou ciente de que meu bem-estar e utilidade para os outros são alimentados quando sou gentil com o próximo — assim como quando recebo gentileza da parte dele. É assim que a empatia flui: é uma via de mão dupla.

Escrevi O *Dom da Empatia* para ajudá-lo na sua jornada de cura. Ler este livro e colocar os exercícios que sugeri em prática lhe mostrará como abordar cada dia e se amar apesar de tudo, mesmo se agora você se sente perdido. Ele responde a perguntas práticas do tipo "Como vou ter empatia se estou me divorciando? Se minha família não me trata direito? Se estou sobrecarregado ou sofrendo de dores crônicas?" A situação mais desafiadora para mim é quando um ente querido está sofrendo. Compartilharei como aprendi a lidar com isso para que você também possa colocá-lo em prática. Fornecerei um mapa sobre o uso da empatia no trabalho para melhorar sua comunicação com os colegas com quem talvez seja difícil lidar e dar o exemplo ao apoiar a gentileza e a inovação na sua equipe.

Para Quem É Este Livro

O Dom da Empatia é destinado a todos os interessados na autocura e na melhora da comunicação nos próprios relacionamentos. Este livro é para todos que são gentis: introvertidos empatas que adoram ficar quietinhos, bem como extrovertidos que adoram ambientes estimulantes e ambivertidos que são uma mistura dos dois. Ele também se destina àqueles que têm curiosidade de aumentar a própria empatia, mas que não sabem como começar. Talvez seu companheiro ou colega de trabalho tenha despertado seu interesse para esse assunto, então você quer explorar.

Como parte do desenvolvimento da empatia, você aprenderá a evitar absorver o estresse, os sintomas e as emoções alheias, um conjunto de habilidades que lhe trará mais segurança quando estiver explorando o mundo. Aqui, ofereço exercícios simples para expressar empatia, especialmente no caso de relacionamentos difíceis ou desgastantes. Além disso, ajudarei você a se tratar com mais gentileza e parar de se punir quando falhar.

Você aprenderá estratégias para construir empatia de maneiras inteligentes, balanceadas e confortáveis. Reivindicará seu poder físico, emocional e espiritual e tomará as rédeas da sua vida com intenção sincera. A empatia é uma expressão de bondade digna de orgulho.

Este livro também o ajudará se estiver cansado de pensar demais sobre os seus problemas. Não conseguir silenciar seus pensamentos é doloroso, especialmente às 3h quando você está acordado e contando bem mais carneirinhos do que deveria. Descreverei como você se conectará a um eu maior e mais livre. Essa é a parte em que não precisa se exaurir forçando soluções ou ouvindo as vozes tagarelas da sua cabeça, que fica cheia de opiniões e julgamentos que não costumam levar a lugar nenhum, só a um beco sem saída. Certa vez, meu mestre taoista me disse: "Judith, as coisas não me incomodam tanto porque não fico quebrando a cabeça igual a você!" Como médica, aprendi que, apesar das virtudes, a mente analítica, por si só, é limitada demais para alcançar a cura e a calma profundas que todos podemos encontrar.

Apesar de o sofrimento fazer parte da vida — às vezes, sofremos mais, outras, menos —, também presenciei a vitória dos meus pacientes, que se confortaram ao se mostrar empatia. Na minha concepção, a vida ou nos traz um bem ou um mal que vem para o bem, ao menos em alguns aspectos. Então podemos sempre escolher aprender algo novo. A empatia não é só "o certo a se fazer". Ela pode amenizar o sofrimento e impedi-lo de comprar briga com você mesmo e com os outros. Servindo ao seu coração, ela é um ato heroico.

A empatia suaviza as dificuldades, aquieta as opiniões cruéis e deixa que você recupere a própria amizade.

Acho o máximo que a palavra *empatia* vem do grego antigo *empatheia*, que significa paixão ou sofrimento. Concordo com a parte da "paixão", mas discordo com o estereótipo que normalmente liga a empatia ao desconforto ou à sensação de sobrecarga. Como veremos, com as ferramentas adequadas, a parte do "sofrimento" se torna opcional. No mais, ela também é usada para descrever como nos conectamos esteticamente com a inspiração da arte e da música. Adoro isso, porque todos somos obras de arte e cada um de nós cria uma música própria e única. A empatia nos ajuda a manter isso em mente.

Então, é com muita animação que convido você a explorar comigo esse caminho não tão trilhado da gentileza. É uma honra poder guiá-lo para ajudá-lo a desenvolver e refinar essa habilidade e superar quaisquer obstáculos e medos que possa vir a enfrentar. Esse caminho cresce em tamanho e em recursos à medida que você o percorre. No mais, ele é cheio de surpresas e de momentos de epifania que o aproximam da sua sabedoria interior.

Escolho levar minha vida seguindo os códigos da empatia e do amor. Escolho respirar fundo e recomeçar quando perco as esperanças em mim e no mundo. Todos os dias, sou uma aprendiz com a mente de uma iniciante — é um jeito maravilhoso e novo de viver. Embarque comigo nesta jornada da empatia e do desabrochar infinito do seu coração.

PARTE 1

Autocura e Alívio do Sistema Nervoso

1

O que É o Dom da Empatia?

Como Se Tornar a Sua Melhor Versão

ESTAMOS VIVENDO EM TEMPOS loucos e sagrados.

Nesta era de polarização, divisão, vícios e escassez, a empatia é a chave para a nossa sobrevivência. Estamos mais isolados e solitários do que nunca. Temos toda a razão em nos sentirmos sobrecarregados, estamos mesmo — ao menos o nosso raciocínio lógico. É aí que entra o dom da empatia. Ele fornece um recurso mais sábio e afetuoso para guiá-lo e mudar sua perspectiva quanto às dificuldades, vendo-as com maior empatia e discernimento.

Meu principal motivo para escrever este livro é mostrar que há muita esperança no futuro — e que uma das chaves para o progresso e a sobrevivência nestes tempos é a empatia. Nunca é tarde demais para mudar as métricas e priorizar compaixão e bondade. Foi a falta de empatia que contribuiu para chegarmos nesta situação difícil em nível pessoal e global. Reconquistar esse recurso nos ajudará a encontrar uma saída. A empatia completa a nossa humanidade e nos dá forças para procurar a sabedoria além dos confins limitados da nossa mente. Mostrarei que essa é a sua chance de brilhar e de encarar as crises tanto como perigos quanto como oportunidades, seguindo a ambivalência do significado da palavra "crises" em chinês.

Escolhi o título *O Dom da Empatia* porque ele vai além da definição comum desse recurso. Este livro abarca e ultrapassa o nosso maravilhoso impulso de empatia que mostramos no carinho com os outros durante períodos de estresse.

Quero fornecer exemplos práticos e saudáveis de empatia no mundo real para que você também possa encontrá-la. Este livro não aborda a zona de conforto, mas a mudança, o crescimento e o maravilhamento da vida empática. Ele aborda o espaço para explorar quem realmente somos em vez de nos limitar à caixinha em que a família e a sociedade pode ter nos colocado.

Escolher a empatia é a nossa chance de ser extraordinário. Pode ser uma atitude tão inesperada que muda as regras dos jogos de poder "olho por olho, dente por dente" e abre novos caminhos de comunicação. Neste livro, peço que você seja diferente, seja melhor e, sim, que mude. Em vez de simplesmente tentar resolver o problema no nível superficial, algo que nem sempre funciona, o dom da empatia nos ajuda a ver com o coração e tentar encontrar as soluções e perspectivas certas. Ao nos tornarmos líderes e equipes empáticas, trabalhadores da área da saúde empáticos e pais, famílias e amigos empáticos, forneceremos maneiras novas e empolgantes de nos relacionarmos uns com os outros. Este livro aborda jeitos novos e criativos de viver o paradigma empático no cotidiano.

A empatia é contagiosa. Uma atitude empática leva a outra, e então a outras mais. É preciso, porém, ser a pessoa a iniciar esse ciclo. É importante praticar a empatia todos os dias. O menor dos gestos para com você mesmo, com o próximo ou com o planeta contam se quiser mudar a energia da sua vida e do mundo, voltando-a da guerra para a cooperação. Nosso nobre objetivo é simplesmente tentar entender uns aos outros.

A empatia não é algo que você precisa fazer. O dom não funciona assim. É preciso querer. Se não quiser, espero que o caminho que escolheu atenda às suas expectativas. Como alguém que trabalha com a cura, nunca tentei convencer ninguém de nada que não fizesse sentido para ele. No entanto, se está interessado na empatia ou nem que seja um pouco curioso sobre o potencial dela para melhorar sua vida e relacionamentos para que não tenha mais tanta dificuldade, este livro é para você. Caso se sinta preso ou frustrado em casa, no trabalho ou em outra área, a empatia vai acender a chama da possibilidade para que você se torne sua melhor versão.

Apresento a empatia como uma habilidade que pode ser desenvolvida continuamente para que lidemos tanto com a adversidade quanto com a felicidade, ao contrário da simpatia, na qual basicamente nos sentimos tristes pelo sofrimento de alguém. Ter empatia pelo que estamos passando oferece consolo quando sentirmos sobrecarga, dor, vazio ou perdermos a confiança em nós mesmos — e também quando quisermos desfrutar do prazer de dar e receber. A empatia é o antídoto para o estado frenético do pensar demais e da preocupação crônica. A conexão com o nosso coração pode ajudar a curar nossa dor e contenda. A empatia muda a energia, começando conosco e expandindo para criar uma mudança benéfica.

Mas, como alguns dos meus pacientes, você pode estar se perguntando: *O que a empatia tem a oferecer quando os problemas na minha vida e no mundo parecem tão desafiadores?* Nos próximos capítulos, você verá o poder do simples ato de se sentar em silêncio à luz de uma vela e procurar a empatia no seu íntimo. Uma pessoa que deseja com todo o coração o bem do próximo é uma fonte incrível de transformação.

A Diferença entre Empatia e Compaixão

A empatia e a compaixão estão ligadas, mas há diferenças sutis entre as duas.

Costumamos definir a empatia como a habilidade de se atentar às emoções alheias, um jeito de "sentir o que o outro sente". Ela trata, primeiramente, da conexão com as emoções e a perspectiva do outro. Por exemplo, quando um amigo é demitido, você sente o sofrimento dele. No entanto, com a empatia, é preciso aprender como continuar atento ao próximo *sem assumir o desconforto alheio*. Esse nível de intimidade também traz uma satisfação e uma profundidade próprios.

Por outro lado, a compaixão é quando você "se sente no lugar de alguém" e toma uma atitude para ajudá-lo. É mais transmitir benevolência àquele que está sofrendo do que experienciar o que ele está sentindo. Com a compaixão, temos uma distância maior, então somos menos propensos a absorver o estresse alheio e a nos esgotar. Em um nível biológico, ela instrui nossos hormônios e nosso cérebro a mostrar serviço. Então, quando seu amigo é demitido, você pode encontrar um jeito específico de apoiá-lo durante esse período complicado. Assim, a ênfase fica no outro, não nos nossos sentimentos e reações. Geralmente a compaixão está associada a algo mais leve, enquanto a empatia, se não treinada, pode levar ao esgotamento até você aprender estratégias para continuar centrado e aproveitar esse tipo de cuidado também.

A empatia e a compaixão têm um papel central na cura. Talvez você ache fácil sentir as duas coisas pelas pessoas importantes na sua vida. Mas também vou lhe apresentar várias situações em que pode ser mais difícil encontrá-las, por exemplo quando você não gosta da pessoa em questão. Referenciarei as duas durante o livro, mas minha ênfase será na empatia, que requer um conjunto de habilidades específico para evitar a sobrecarga pelo estresse alheio. Além disso, a compaixão costuma ser uma reação quando empatizamos com alguém que pode acionar o nosso impulso de ajudar, mas nem todo mundo com empatia é impulsionado a agir. Sou fascinada pelo espectro tão único de recompensas e desafios que a empatia oferece e pela sua capacidade de aumentar a compaixão em nossa vida.

Explorando o Dom da Empatia

O escopo da empatia vai muitos anos-luz além da sua reputação de algo realmente "muito gentil" e do modo como costumamos nos relacionar uns com os outros. Ela é uma forma de inteligência emocional que podemos aprender e desenvolver. É uma prática de cura diária com habilidades específicas que iluminarão todos os aspectos da sua vida.

Este livro é um apelo à ação para você incorporar a empatia ao máximo de situações possíveis (que seu ego permitir!) em vez de limitar seu papel a algo vago e desintencional. Isso inclui o que normalmente é considerado empatia, mas também engloba um jeito ferrenho, proativo e até radical de ser carinhoso com você mesmo, com os outros e com o mundo independentemente da situação que você estiver enfrentando. A autora Maya Angelou acertou em cheio quando afirmou: "As pessoas podem esquecer o que você diz... mas nunca esquecerão como fez com que elas se sentissem."[1]

Cultivar a empatia não se trata de ser sereno ou socialmente correto. Na verdade, é um tipo de treinamento pacífico que envolve dar e receber com intenção. Você aprenderá a ser forte e amável ao mesmo tempo, nem influenciável nem rígido demais. Independentemente do momento que estiver vivendo, este livro pode acompanhá-lo e ajudá-lo a melhorar.

A empatia pode não ser exatamente o que você acha. Sim, ela trata da ternura de compartilhar a alegria e a tristeza dos outros. Sim, ela deixa que você sinta as necessidades de alguém para que possa ajudá-lo. Mas também é ser compreensivo com aquelas pessoas de quem você nem gosta e — algo talvez muito mais difícil — com você mesmo. Como psiquiatra, sei que normalmente é mais fácil ajudar os outros do que nós mesmos.

A empatia é um remédio para a sua mente, corpo e alma. É uma energia de cura viva que pode (mostrarei como fazer isso) aumentar sua vitalidade. Ela traz o que estava faltando para acalmar seu sistema nervoso, bem como harmonia e tranquilidade a todas as áreas da sua vida.

A empatia também é um estado de coração aberto e aconchego que ajuda você a alcançar a parte mais admirável da natureza humana e da gentileza dela — e, ao mesmo tempo, sem aceitar comportamentos ruins. Ela permite que você mostre respeito pelos outros, o que às vezes significa simplesmente ouvi-los até o fim ou deixar que terminem uma frase. Além disso, esse recurso inclui a empatia espiritual, que conecta você às forças cósmicas do amor e ao grande mistério do universo.

Um segredo para instrumentalizar o poder da empatia é usar a sabedoria tanto do coração quanto da mente para manifestar uma cura maior.

Aprender a estabelecer limites emocionais e energéticos para que você não absorva o estresse alheio é o cerne dos meus ensinamentos. Essa habilidade é a base de relacionamentos saudáveis e ajuda a preservar suas sensibilidades.

Por exemplo, como médica e empata, quero saber "Onde dói?", mas não quero assumir a sua dor com o meu corpo. Esse é um limite que estabeleci comigo mesma para que consiga trabalhar com os pacientes sem me esgotar. Você pode fazer o mesmo enquanto expressa empatia pelo próximo.

Como parte do cultivo da empatia, também mostrarei como se libertar da necessidade de sempre estar certo, que é um bloqueio para o seu coração. Você pode fazer isso ao reconhecer os oponentes da empatia, o medo, o orgulho e o ego, para que possa domá-los. Então pode relaxar um pouco e ter menos dificuldades. As pessoas adoram ouvir "Quer saber, talvez você tenha razão", ou "Entendo o seu lado".

Reconhecer isso é muito diferente de buscar sempre agradar os outros ou trair os próprios valores. Assim, você está escolhendo ser flexível e afirmar a perspectiva do outro em vez de ficar implicando com detalhes ou apresentando opiniões opostas.

Veja por exemplo a minha amiga que estava crente que o romance da filha estava fadado ao fracasso. Minha intuição não concordava com ela, então simplesmente respondi "Ok, você parece obstinada". Minha amiga sorriu e disse, com uma convicção animada: "Estou mesmo". Então deixei que ela tivesse razão, o que a deixou muito feliz, apesar de o relacionamento da filha ainda continuar firme e forte anos depois.

Há quem diga que a maior forma de conhecimento é a empatia, porque ela requer uma suspensão do ego e que entremos no mundo do outro. Não estou sugerindo que você se livre do seu ego. Ele também tem suas qualidades. Mas, como verá adiante, nem sempre o que ele quer é o melhor para o seu bem-estar. Descreverei como a empatia pode intervir para criar um cenário mais positivo. Não deixe seu ego sabotar seu coração por teimosia, ressentimento ou superioridade de abrir mão de comportamentos improdutivos.

A vida tem seus desafios. Há muitas coisas mundo afora que vão perturbar você. Ocorrências cotidianas como lidar com um amigo cínico, um parceiro estressado ou colegas de trabalho grossos podem fazer com que se sinta frustrado e cansado. Talvez você tenha perdido o emprego e não tenha perspectiva de encontrar outro. Ou esteja sofrendo de depressão, ansiedade ou de alguma doença física. Talvez os métodos que você comumente usa para se sentir melhor não estejam funcionando ou nunca funcionaram de verdade. É aí que a empatia se torna o professor certo no momento certo.

O dom da empatia é o que permite que você se sintonize na frequência do outro e se identifique com o que ele está sentindo. É parecido com quando afinamos um instrumento musical para o mais puro tom, frequência e timbre. Como prática espiritual, sintonizar-se dessa forma também conecta você um pouco mais com sua fonte divina para que possa se alinhar com a infinita benevolência dela.

Às vezes é fácil sentir empatia: sua filha teve outro filho, e você naturalmente compartilha da felicidade dela. Ou o companheiro ou animal de estimação de um amigo está doente, e você oferece consolo. Mas em algumas instâncias, mostrar empatia com você mesmo e com os outros é mais complicado. Por exemplo, seu amigo está prestes a cometer o mesmo erro pela terceira vez, e você fica impaciente e diz algo de que se arrepende; ou seus vizinhos barulhentos estão lhe tirando a paz, e você perde a paciência ao pedir que maneirem na algazarra. Já tive dificuldade em empatizar com a escolha de um amigo que decidiu parar de realizar tomografias após o tratamento contra o câncer, apesar da chance de recorrência. Depois de conversar com ele sobre isso, meu amigo disse "Está bem, eu vou", mas ainda não fez nada a respeito.

Como muitos dos meus pacientes, é compreensível que você me pergunte "Por que preciso ter empatia com pessoas que machucam os outros ou com aquelas que fazem escolhas questionáveis ou destrutivas?" Basicamente é porque isso ajuda a libertar você de qualquer conexão nociva com elas, de modo que você não alimente rancor. Guardar muito ressentimento não promove a cura.

O tipo de empatia que estou sugerindo alivia seu fardo. Coisas positivas acontecem quando você mostra nem que seja um pouco de empatia pelas deficiências emocionais (não por comportamentos imperdoáveis) de alguém que o machucou. Você se torna mais livre ao se libertar de seus julgamentos e ressentimentos, mesmo quando tem razão. Certas pessoas tiveram tantas experiências danosas que "dar o seu melhor" pelos outros ou por si mesmos pode ser uma prática extremamente limitada. Ainda assim, é melhor não ficar com essas coisas na cabeça. É possível pensar em coisas melhores e muito mais divertidas. É isso que exploraremos ao nos aprofundarmos nesses temas.

Escutar a voz da empatia pode levá-lo a lugares novos que você nem sabia que queria visitar. Você está se aproximando de um momento de virada mágico chamado de o grande divisor de águas. Na geografia, esse é um dos poucos lugares na terra onde os rios mudam de direção em uma cadeia montanhosa, como a Divisória Continental nas Rockies, no Canadá. Essa habilidade de reverter ou mudar o curso tem um contraponto espiritual em você. Não importa se estiver no fundo do poço ou o quanto se sentir sozinho, praticar a empatia pode recalibrar seu caminho e apontar maneiras mais saudáveis de se comportar e encarar o mundo.

Existe Alguma Desvantagem Potencial para a Empatia?

Apesar de todos os benefícios da empatia, você ainda pode hesitar em desenvolvê-la. Pode estar se perguntando *Será possível ter empatia demais e perder o contato com o meu senso comum? Será que sendo empático ficarei vulnerável a tomar a dor alheia para mim? Não quero isso!* A resposta para essas perguntas é sim, mas apenas se não tiver estratégias para se proteger e se centrar. Ao longo deste livro, ensinarei você a praticar o autocuidado e a estabelecer limites saudáveis.

Você precisa aprender a usar a empatia de maneiras balanceadas para que possa enxergar as pessoas claramente sem se esgotar.

Sem essas habilidades, há o risco de você acabar se tornando alguém que quer resgatar ou agradar os outros, dedicando-se em excesso às pessoas erradas e ajudando demais aqueles que ama. Você pode sentir erroneamente que é seu trabalho resolver os problemas dos outros quando esse não é o caso. Então fica exausto ou sente empatia demais pelas dificuldades deles, o que turva seu raciocínio. Por isso é tão importante permanecer centrado, manter a cabeça limpa e ficar conectado à razão. Por exemplo, se sinto empatia por você, posso expressá-la, mas sem me doar demais.

A empatia saudável não trata de dar amor infinito a todos que você conhece. Ela envolve discernimento, contato com sua intuição e nível de energia, bem como autoproteção. Ela só se torna problemática se você não estabelece limites ou pratica o autocuidado. Sem essas técnicas, não há suporte para apoiá-lo ou limitações para manter em mente, e você arrisca um burnout ou uma fadiga empática, na qual não resta nada para dar aos outros ou a si mesmo. Como resultado, você pode concluir que empatizar machuca demais, e que é melhor permanecer fechado ou indiferente para se proteger. No entanto, o preço altíssimo que você paga por essa escolha é ficar preso no seu próprio mundo, vivendo com o coração fechado — um destino inaceitável para mim. Os próximos capítulos mostrarão como ser empático e saber discernir logicamente sem assumir o drama ou a dor de ninguém.

Como Usar Este Livro

Apresentarei *O Dom da Empatia* do ponto de vista da neurociência, psicologia, bioenergia, medicina intuitiva e espiritualidade para fornecer um entendimento acessível de como a empatia funciona. Este é um guia prático e pragmático que mostra como entrar em contato com a força curadora em cada um de nós que ainda precise ser ativada. É possível ver a empatia em uso em todas as esferas da vida. É uma curva de aprendizado: as estratégias que sugiro ficam mais fáceis com a prática. Cada capítulo contém histórias — de clientes, participantes de oficinas que ministrei (mudei os nomes ou características que pudessem identificá-los), amigos e também minhas — de aprendizado de como trabalhar com a empatia de modo mais completo. Incluí um exercício

"Empatia em Ação" no fim de cada capítulo, e pode ser aplicado imediatamente a situações específicas. Além disso, em diferentes partes do livro, sugiro que escreva seus pensamentos e sentimentos em um diário, então seria ótimo se você tivesse um em mãos para completar os exercícios sugeridos. Também terá a oportunidade de escrever espontaneamente nele quando os tópicos de seu interesse vierem à tona.

Este livro é baseado nos princípios de dois livros que escrevi anteriormente, *The Empath's Survival Guide* e *Thriving as an Empath,* que ensinam pessoas extremamente sensíveis e empatas (que não possuem os filtros emocionais comuns como os outros) a honrar seus dons e praticar o autocuidado para evitar se sobrecarregar. Mas aqui explorarei o escopo universal da empatia e como ela pode tornar a nossa vida e o mundo um lugar mais amável, saudável, divertido e tolerante.

O Dom da Empatia está dividido em três partes; você pode ler o livro em sequência ou pular para uma seção que lhe seja mais relevante. Esta primeira parte, "Autocura e Alívio do Sistema Nervoso", descreve o poder de cura da empatia e apresenta práticas para ajudá-lo a parar de pensar demais e agir de coração. Há um teste de nivelamento para avaliar seu nível atual de autoempatia e melhorar essa habilidade vital. Você aprenderá qual é o seu "estilo empático" e como ele afeta seus relacionamentos, além de como identificar obstáculos até a cura, como gatilhos emocionais, traumas e medos.

No mais, você descobrirá a biologia da empatia, inclusive como ela pode fortalecer o seu sistema imunológico e sua saúde. Aprenderá sobre o sistema de neurônios-espelho do cérebro, que está ligado à compaixão. Ele pode ser hiperativo em pessoas muito empáticas e hipoativo ou ausente naquelas com mínima ou nenhuma empatia.

Na parte 2, "Curando os Relacionamentos", ofereço uma abordagem proativa do estilo de vida empático sem absorver o estresse alheio ou se tornar um mártir. Você praticará a grande arte da escuta empática e da criação do espaço de *holding* para os outros. Você conseguirá reconhecer com habilidade as pessoas com transtornos de déficit de empatia, que incluem o narcisismo e o transtorno de personalidade sociopata, bem como aquelas que fazem bullying. Isso evitará que você seja enganado pelo feitiço sedutor daqueles que simplesmente não estão neurologicamente ou emocionalmente capacitados para retribuir sua gentileza.

Finalmente, a parte 3, "Curando o Mundo", expande a empatia. Nela, tratarei da liderança empática no local de trabalho e ao redor do globo. Abordarei a graça e a cura do perdão e como a oração pode ativar seu "corpo de oração" para ajudá-lo a encontrar empatia mesmo quando você resiste a ela. Por fim, a empatia permitirá que você experimente a alegria de se sentir interconectado com nossa família humana e com o mundo natural e todas as suas criaturas milagrosas e lugares selvagens. Muitos de nós desejam esse tipo de consciência e mudança. Somos inteiros. Somos um só em um nível muito primitivo. Somos uma comunidade de almas que podem crescer juntas.

Honorando Suas Verdadeiras Necessidades

Na sua jornada de empatia, é vital criar uma vida que esteja em sintonia com suas verdadeiras necessidades. Para mim, isso significa seguir "o caminho menos percorrido". Sempre fui a "excluída" que adora solitude, foge de festas e costuma preferir a companhia do oceano ou de uma árvore à da maioria das pessoas. Durante toda a minha vida, falei com as flores, com os pássaros e com a Lua. Quando criança, sentia-me uma alienígena e achava que este não era o meu lugar. Hoje, adoro minhas sensibilidades e não desejo viver de outro jeito.

Independentemente dos seus dons, abrir mão da vergonha por se sentir diferente é crucial. Imploro que descarte o que os outros lhe disseram para ser. Então pode se tornar 100% você mesmo em suas visões, escolhas e sensibilidades. Mesmo se não souber por onde começar, siga-me. Estou honrada de guiá-lo para essa liberdade.

Aplaudo todos aqueles de pensamento livre, os criativos, bichos-do-mato e questionadores que ousam ser verdadeiros consigo mesmos. Saúdo todas as crianças tímidas e antissociais que, de algum jeito, conseguiram sobreviver às provações adolescentes do ensino médio para trilhar seu próprio caminho. Louvo todos que seguiram sua verdadeira natureza extrovertida e insistiram em suas visões mesmo quando os outros lhes disseram para "maneirar" ou que suas ideias eram "muito grandiosas ou irreais".

É libertador abrir mão da ideia de que você está errado por ser diferente.

O maravilhoso da empatia é que ela pode beneficiar todo tipo de pessoa: aquelas que preferem participar de dentro ou de fora, empatas e não empatas, convencionais ou inconvencionais e todos entre esses extremos. Talvez você não se identifique com nenhuma categoria, e tudo bem. A empatia pode melhorar todas as nossas vidas e relacionamentos. Alguns dos meus pacientes são mandachuvas sociáveis deste mundo que utilizam a empatia no local de trabalho e na própria vida. Ao contrário de mim, eles não precisam passar muito tempo sozinhos e florescem quando estão cercados por grupos maiores de pessoas. Há muitos jeitos de incorporar a empatia que podem se adequar unicamente a cada indivíduo.

• ● •

Sentir empatia é o ponto em comum de todas as interseções que ligam todos os lugares — é a união do coração e da mente. Quando estou experimentando a empatia, quero respirar fundo, ficar quieta e deixar meu íntimo se encher da graça e do aconchego dela. Essa é a linguagem do meu coração, mas todos podemos experimentar a empatia de modos diferentes. Você talvez não a sinta tão intensamente como eu.

O resto deste livro o ajudará a encontrar seu próprio caminho, suas próprias palavras e seus próprios benefícios da empatia.

Como descreverei, há motivos intelectuais, emocionais e espirituais muito bons para desenvolver a própria empatia, inclusive a possibilidade de curar partes de você que estão sofrendo há mais tempo do que gostaria de admitir. Talvez seja hora de abrir mão até mesmo daquele rancor justificado para que você se liberte desse fardo. Talvez você possa começar a alcançar seu sucesso a cada dia pelo número de conexões sinceras que faz com os outros em vez de considerar as conquistas materiais. Ou pode começar focando o futuro maravilhoso em vez das cicatrizes do seu antigo amor. Você merece ter uma segunda chance e começar do zero.

O mundo está cheio de bons argumentos que explicam por que é impossível encontrar empatia e paz em nossas vidas ou neste mundo tumultuado. Pense em quantas pessoas têm transtornos de déficit de empatia, como o narcisismo e o bullying crescentes. Você talvez pergunte "Com todos esses empecilhos, como conseguiremos nos amar e nos dar bem?" A resposta está no seu coração, não na sua cabeça e nem em toda a evidência lógica que você pode acumular sobre as deficiências da natureza humana. A empatia oferece um caminho fora dos mal-entendidos e do ódio. Esse é o meu foco. Para encontrar a empatia, um lugar de partida é seu coração se conectar com outros que também valorizam abrir o coração.

A empatia nos manterá juntos; não em guerra, mas tolerantes e curiosos e acolhendo tanto nossas similaridades quanto nossas diferenças. É por isso que sou tão fascinada por ela, apesar de todos os motivos "lógicos" que indicam o contrário. Os anos passam, e continuo deixando a empatia se expandir na minha prática da medicina, no jeito que escuto as necessidades dos meus pacientes e na minha própria vida. *A empatia é o melhor do que nos faz humanos.* Que nosso propósito seja atualizar isso — curar e amar em meio à adversidade e incorporar um maior otimismo. Deixe-me ajudá-lo a chegar a esse objetivo e experimentar seus melhores momentos. Uma vez que descobrir essa graça, ela nunca mais o deixará, contanto que seu coração continue buscando por ela.

EMPATIA EM AÇÃO

Sua Iniciação à Autocura

- É hora de começar de novo. Comprometa-se a ser mais gentil com você mesmo, mais tolerante e a se perdoar mais. Comece a nutrir a energia de cura da empatia. Se estiver sofrendo e quiser reparar seu corpo, mente ou espírito, faça um pedido sincero internamente para iniciar o processo. Afirme: *Que eu seja feliz, fique bem e descarregue minhas preocupações*. Então, com o coração humilde, prepare-se para o desenrolar desse novo caminho.

2

Ativando o Poder de Cura da Empatia

Como Parar de Pensar Demais e Começar a Agir de Coração

ALGO LINDO ESTÁ PRESTES a acontecer.

Prepare-se para a mudança.

Você se sentirá preenchido por mais vida.

Como muitos, você quer que seu tempo neste planeta tenha um propósito. Quer ser valorizado, amado e entendido. Quando pensar no meu último dia aqui, quero me sentir amada e me lembrar das coisas simples e comoventes — uma caminhada pelos cânions com uma amiga na primavera, um dia tranquilo de escrita, um abraço do meu companheiro, o aconchego dos participantes da minha oficina sentados em um círculo explorando suas almas. Sei que me lembrarei da gentileza e da empatia que os outros me mostraram e com que fui agraciada de mostrar aos outros.

Então, quem você quer ser? Do que quer se lembrar em seus últimos momentos, quando a ponte entre o aqui e o desconhecido estiver preenchida apenas por um arco de estrelas brilhantes e um sorriso do universo, dizendo-lhe que tudo ficará bem? Mesmo se a sua vida fosse cheia do que parece ser um número excessivo de dificuldades, duvido que queira ser consumido com a sensação vazia de amargura, vingança e ressentimentos no fim das contas; no entanto, é claro que isso seria um direito seu. Além do mais, o desejo de acumular riqueza e poderes mundanos não valerá de nada nesse momento. Convido você a identificar o que de fato tem significado na sua vida, mesmo se for algo pequeno: as memórias de demonstrações de amor do seu filho, a gentileza de um estranho ou um amigo que lhe faz companhia quando você está doente. Localize os valores e as crenças positivas que o apoiaram nos momentos bons e ruins, as experiências que o sustentam e vivem em seu coração.

Quem somos e o tipo de pessoa que, crescendo, queremos nos tornar fazem uma grande diferença na nossa capacidade de cura e na nossa felicidade. Simplesmente tentar ser uma boa pessoa — por exemplo, alguém que valoriza o amor, a gentileza e o serviço — é um ato de cura, ainda que possa ser mais difícil do que você pensa. Queremos nos dar bem uns com os outros, o que pode parecer uma tarefa sem tamanho se não tivermos empatia.

Já que o medo leva ao ódio e à divisão, um requisito para a empatia é curar nossos medos continuamente. Isso permite que honremos as experiências de todas as pessoas. Fico comovida pelo que a ativista de direitos civis Rosa Parks disse quando lhe perguntaram se ela tinha raiva do passado: "Não, se você fica com raiva dos outros, pode perder a chance de encontrar amigos entre aqueles de quem estava com raiva."

Bem-vindo ao mundo da empatia e do coração. Ele oferece muitas maneiras criativas de ser mais feliz e lidar com cenários difíceis da sua vida de uma perspectiva mais gentil e consciente. Eu me lembro de ter sorrido quando, em uma das oficinas que ministrei, uma participante disse "Ensino meus filhos e netos que a empatia é o ingrediente secreto das receitas da vovó para entender as pessoas e viver bem".

A vida pode ser incerta. Nunca sabemos o que ela pedirá de nós, ou quem conheceremos. Toda pessoa, toda irritação ou prazer pode nos ensinar a nos tornarmos alguém mais empático.

Não importa o quanto a vida seja irregular ou alegre, ela oferece lições valiosas sobre a cura e a prática da empatia em cada situação.

A Emergência do Seu Eu Maior

Para desenvolver a empatia, o primeiro passo é entender que cada um de nós tem um eu menor e um eu maior. O eu menor está limitado ao nível de personalidade no qual seu ego, intelecto e dificuldades emocionais dominam, e o eu maior é comandado pelo coração. O eu menor é muito bom em lógica e na análise de situações, que são ambas ótimas habilidades, mas a mente pode ser tanto uma amiga quanto uma inimiga. Ela também está propensa à insegurança, arrogância, medo, ansiedade e carece de ferramentas para superá-los. Logo, o eu menor tem uma visão restrita das possibilidades.

Sei como pode ser doloroso ficar preso em uma mente superativa, um estado que me lembra da música de Bruce Springsteen sobre um trem de carga atravessando sua cabeça. A falação mental pode sobrepor todo o resto. No mais, ela não para e mantém você preso em um pensamento circular. Enquanto isso, o eu menor tenta, com argumentos muito convincentes, tirar você da empatia e oferece "bons motivos" para se apegar ao sofrimento, medo e rancor. Aqui vão alguns jeitos de mudar isso.

Nove Estratégias para Combater o Pensamento Excessivo

1. Identificar, com compaixão, o padrão improdutivo.
2. Focar a respiração pelo nariz para mudar sua perspectiva da mente para o corpo.
3. Dizer-se com gentileza: *Pensar demais não vai ajudar a resolver o problema. Só me frustra.*
4. Focar apenas o Agora em vez de inventar histórias assustadoras sobre o futuro. Para fazer isso, foque a sua respiração, os detalhes do ambiente físico onde está sentado, o que está vestindo, como está se sentindo e apenas os problemas que precisam ser resolvidos hoje em vez de aqueles que podem ou não vir amanhã.
5. Aceite o que você tem, de fato, poder para mudar em vez de ficar remoendo situações fora do seu controle.
6. Com gentileza, coloque a mão sobre o coração ou simplesmente foque essa área e visualize uma imagem edificante que relaxe você, como o oceano, um buquê de flores ou uma gaivota voando pelo céu.
7. Continue repetindo: *Está tudo bem. Com o tempo, esse problema vai se resolver.* Ou simplesmente *Ohm*, que, em sânscrito, significa "Estou em paz".
8. Escutar músicas serenas transporta você para fora da sua mente e para dentro do seu coração. Alguns dos meus artistas favoritos são Wah!, Enya, e Bach.

Encontre uma playlist que o deixe feliz e relaxado ou que o reconecte à magia da vida. Ou talvez você goste de músicas dançantes. A música tem o poder de curar uma mente hiperativa, mudando o foco da preocupação e da resolução de problemas para a felicidade, a beleza e a diversão. É impossível "pensar" a experiência da música. É preciso sentir.

9. Um antídoto para o pensamento e a fala excessivos é se deleitar com as maravilhas da natureza: um pôr do sol, a penumbra do amanhecer, uma lua crescente, as árvores balançando com a brisa... qualquer coisa tocante para você. Se estiver perto de um oceano ou de um corpo de água como uma cachoeira ou um riacho, absorva os íons negativos relaxantes que a água em movimento emite. No mais, foque os sons tranquilos do vento ou dos passarinhos. (Ou você pode baixar um aplicativo que emita o som de tempestades, chuva ou das ondas.) Abra uma janela, saia de casa ou simplesmente se concentre nessas glórias da natureza para aquietar seus pensamentos.

Pensar demais é algo difícil de controlar quando seu ego não desiste. Ele se machuca e continua machucado, prefere estar certo e deixar você continuar estressado e bravo a lhe permitir abrir mão desses fardos. Esse resultado pode torná-lo uma pessoa infeliz. Você pode ficar cansado de repetir a mesma história, mas não saber como parar. No mais, não é bom ficar relembrando com amigos, filhos ou netos como alguém errou com você. Eles cansarão de ouvir sempre a mesma coisa.

Tenho um colega de trabalho que se prendeu a uma traição financeira horrível de trinta anos atrás. Ele não quer saber de abrir mão do ressentimento (apesar de eu já ter abordado essa possibilidade com ele) e adora repetir o incidente para qualquer um disposto a ouvir. Fico incomodada sempre que ouço meu colega começar a contar e logo me afasto. Certamente ele tem todo o direito de sentir raiva, dor e ressentimento. Mas por todos esses anos, tais sentimentos ficaram rebuliçando dentro dele. É isso mesmo que você quer para si? Ressentimentos guardados são um veneno. Você acaba sendo a principal vítima deles.

Infelizmente, muitas pessoas vivem, sem saber, boa parte do tempo em seu medroso e preocupado eu menor e não conseguem ver uma saída — ou nem mesmo sabem que existe uma. Mas você conseguirá. Aprenderá a habitar seu eu maior: as partes compassivas, intuitivas e empáticas que podem acessar uma fonte maior de sabedoria e de Espírito. Você está em um espaço eterno, além da sua falação mental e dos seus medos. Não é tão influenciado pelas expectativas e preocupações do eu menor, então a empatia está mais disponível.

No seu eu maior, centrado no coração, você pode ser mais amável com você mesmo e entender melhor os outros. Mas se estiver operando apenas com sua mente lógica, pode nem saber da existência de outra perspectiva. Você está preso a uma realidade, mas podemos ser muito mais do que isso.

Como um exercício diário de empatia para acessar o seu eu maior, pergunte-se: *Como posso acessar o meu coração, e não só a minha cabeça?* Isso alerta sua mente de que você está fazendo algo diferente. Ela não precisa temer ser substituída. Muito pelo contrário, você está convidando um amigo para lhe fazer companhia. Seu coração e sua mente podem trabalhar em equipe. Às vezes, é preciso lógica; outras, é preciso o coração; ou ambos. Muitas pessoas estão infelizes e não veem uma saída, porque não sabem como cultivar seu coração conscientemente. Aprender essa habilidade muda nossa vida.

A empatia é o jeito do coração. Ela o deixa trocar de canal, passando da sua mente ocupada para uma frequência diferente onde a cura pode acontecer.

Uma vez que você sai do seu intelecto e do seu ego, as forças do amor podem oferecer uma ajuda extra. Com o coração aberto, você pode se dispor a considerar: *Talvez haja uma escolha melhor, e eu que não estou sabendo. Talvez eu possa mudar minha atitude ou comportamento para curar um relacionamento.*

Peço que participe do experimento para experienciar o dom da empatia e reimaginar sua capacidade de gentileza. Isso desafiará você a ir além dos motivos lógicos do seu ego para continuar pequeno, rígido e amargurado ou para pensar demais. Essa mudança pode parecer estranha, desconfortável ou impraticável em um primeiro momento. Tudo bem. Vou guiá-lo especificamente passo a passo por esse processo. Quando você se alonga, é natural encontrar resistência. Vá devagar. Continue. A liberdade que você experimentará o ajudará a abordar sua vida de um ângulo mais leve e satisfatório.

Fui inspirada pelo antigo clássico taoista *A Arte da Guerra*, de Sun Tzu, um misterioso guerreiro e filósofo chinês que viveu há mais de dois mil anos. Seus ensinamentos tratam tanto da guerra quanto da paz e do melhor jeito de resolver conflitos uns com os outros.

Sun Tzu escreveu, “É melhor resolver um conflito sem batalhar; conquiste mais fazendo menos.”[1] Sua abordagem revolucionária não endossa discussões ou batalhas como as melhores soluções, seja para problemas grandes ou pequenos. Em vez disso, bolar uma estratégia e “conhecer o inimigo” são a chave, não se trata simplesmente de reagir com malícia ou frustração. Ele acreditava que a guerra era apenas o último recurso, e é sempre com infelicidade (nunca com celebração) que consideramos essa opção. No mais, ele avisou que podemos ser usados por nosso ego para agravar conflitos com os outros ou com nós mesmos. Normalmente, o ego quer "revanche" com os outros em vez de soluções mais positivas e permanentes. Então, no espírito da empatia, começamos nossa aventura para descobrir as partes mais sábias e maiores do nosso eu.

Como Sun Tzu sugere, quero levar minha vida de acordo com a arte da paz. O que isso significa? Primeiro, podemos todos parar gradualmente de nos punir e de lutar contra nós mesmos. Segundo, precisamos parar de guardar ressentimento ou ódio porque as pessoas "merecem" — é um tópico que exploraremos mais adiante. Terceiro, a empatia não significa passar pano para um comportamento ruim ou tentar bancar "o bonzinho". Na verdade, como guerreiros, ela é aprender a reivindicar o próprio poder ao impor limites bem definidos com ações bem pensadas e rápidas.

No mais, na minha vida, não quero ficar constantemente agitada e exausta por deixar os outros engatilharem as minhas ansiedades, raivas ou inseguranças. Não estou interessada no drama ou em conflitos agravantes apenas para atender aos meus sentimentos feridos ou às minhas áreas de baixa autoestima. Na verdade, escolho a empatia como meu guia, mesmo quando meu ego grita *Me escolha, continue discutindo, continue em pé de guerra*, e meu coração diz *Vamos encontrar a paz*. Por mais tentador que seja o pedido do ego para retaliar ou se encolher atrás dos sentimentos feridos e nos ressentimentos, meu ser clama por um caminho maior e mais amável.

Escolher a empatia é uma virada no jogo. Ela nos dá a opção de viver em uma parte mais espaçosa e sincera de nós mesmos. Assim, podemos ver todas as situações, do trauma à felicidade, da perspectiva mais compassiva, considerando o todo. Não se trata de tentar acalmar as coisas ou dar desculpas em favor de um adversário. Trata-se de entendê-los ao mesmo tempo em que condenamos seu comportamento, idealmente sem partir para a briga. Às vezes, ter empatia significa eliminar alguém da sua vida. Para alcançar esse nível de poder pessoal, é preciso parar e planejar como reagir a partir dos seus melhores instintos.

Para gerar empatia em uma variedade de situações, inclusive no trabalho, na intimidade, na família e nas amizades, é preciso acessar a sabedoria tanto da cabeça quanto do coração. Fico feliz imaginando essas duas partes de nós como boas amigas de mãos dadas em vez de forças opostas, como a medicina convencional costuma retratá-las.

Com a empatia, você encontrará o equilíbrio, nem pensando demais em uma situação, nem sentindo as coisas tão intensamente a ponto de assumir o estresse alheio e se sobrecarregar. Você não ficará preso no ciclo vicioso da mente ocupada. Conseguirá continuar centrado mesmo nos momentos mais acalorados.

A pausa sagrada é o primeiro passo da mudança para o seu eu maior empático apesar de todos os desejos e tentações que você possa encontrar para não fazê-la.

A Sabedoria de Desacelerar: Praticando a Pausa Sagrada

Como parte do treinamento de empatia, construa o hábito de pausar quando estiver agitado para que possa reagir a partir da sua melhor versão.

Caso se sinta chateado, reserve um tempo para parar e se acalmar. Não reaja, responda impulsivamente ou diga coisas de que se arrependerá — nada de e-mails, mensagens ou ligações, especialmente se estiver com fome, cansado ou ocupado. Respire fundo para se centrar. Repita algumas vezes para entrar na pausa. Então, em alguns minutos de silêncio, respire devagar, relaxe e diga *Vai ficar tudo bem. Eu consigo lidar com isso.* A pausa sagrada é hora de se recompor, de se mostrar gentileza e mudar do eu menor para o eu maior.

Os Quatro Estilos de Empatia

Cada um de nós pode viver a sintonia conosco mesmos ou com os outros de maneira diferente, a depender dos quatro estilos de empatia — cognitivo, emocional, intuitivo e espiritual — com que mais nos identificamos. Podemos descobrir o nosso jeito ao identificar nosso estilo de empatia primário (apesar de podermos nos identificar com outros também). Nosso principal estilo é nossa configuração padrão, como costumamos expressar a empatia naturalmente. Conhecê-lo é o ponto de partida para valorizar como nossa empatia funciona e como podemos dar e receber carinho de maneira confortável. (Observe que as pessoas com transtorno de personalidade narcisista e aquelas com transtornos de déficit de empatia não chegam a ter um estilo de empatia, porque carecem dessa qualidade.)

Todos os estilos de empatia podem levar à cura de suas próprias maneiras. O objetivo é aproveitar ao máximo seus recursos e ainda experimentar com os diferentes estilos para ampliar suas opções. Você pode se identificar com mais de um estilo. Por exemplo, meu estilo primário é a empatia intuitiva, mas gosto de incorporar a cognitiva, mais cerebral, e outros tipos também. Gosto de poder escolher como reagir.

Leia as descrições dos quatro estilos a seguir para conseguir entender melhor com quais você se identifica e quais os benefícios e desafios cada um traz.

Estilo 1. Empatia Cognitiva: O que Pensa/Resolve

Se o seu estilo de empatia primário é o cognitivo, você se sente mais confortável com uma abordagem mais concreta e cerebral das emoções. Considere esse estilo uma "empatia racional". Você usa sua mente para entender os outros e lhes desejar o melhor. Fica pensando em soluções, quer resolver um problema logicamente com seu raciocínio, mas fica frustrado se não consegue. Quando um amigo está passando dificuldade, você pode reagir com "Entendo que essa situação está te machucando, e pode fazer o seguinte para resolver" em vez de dizer "Sinto muito, amigo", e lhe dar espaço para expressar seu desconforto.

Muitos médicos mostram empatia cognitiva para que possam permanecer emocionalmente neutros e simplesmente se ater aos fatos do caso. Eles preferem analisar a dor ou "dis-função" do paciente a partir de resultados de exames e tecnologias em vez de sintonizar os próprios sentimentos e intuições ou ajudar os pacientes a processarem os deles. Durante uma consulta, esses profissionais podem ficar colados ao computador anotando as informações em vez de apenas ouvir.

Se você tem empatia cognitiva, pode gostar da ideia de se tornar um advogado, um médico que trabalha de modo linear, um engenheiro, um programador, um banqueiro, um analista financeiro, um contador, um inspetor de imóveis ou um detetive.

Vantagens

- Você fica calmo em períodos de crise.
- Sabe analisar brilhantemente.
- Mantém uma distância emocional para não se sobrecarregar por emoções intensas ou arriscar se perder nos outros.
- Oferece soluções práticas.

Desvantagens

- Você pode parecer frio ou distante.
- Para se proteger de sentir demais, pode acabar se desconectando das próprias emoções ou das alheias.
- Oferece soluções muito rapidamente antes de a pessoa terminar de expressar seus sentimentos.
- Fica exausto por pensar demais.

Encontrando o Equilíbrio: Sinta Mais, Resolva Menos

Tente essa abordagem para melhorar sua comunicação empática nos relacionamentos e entrar em contato com suas emoções. Se alguém vier até você chateado ou em prantos — por exemplo, sua esposa chateada com o trabalho ou as crianças, ou um amigo preocupado com as finanças —, simplesmente diga com gentileza "Reconheço como você está se sentindo" em vez de logo partir para resolver o problema. Ao menos por alguns minutos, apenas ouça. Isso alinha você e a pessoa empaticamente para que ela possa se sentir ouvida. E então, pode sugerir possíveis alternativas.

De modo similar, quando você está triste, comece se mostrando gentileza antes de se forçar a encontrar respostas. Isso leva a resoluções mais sinceras.

Estilo 2. Empatia Emocional: O que Sente

Se o seu estilo de empatia primário for o emocional, você empatiza com os outros por meio das suas emoções. Considere que esse estilo é uma "empatia sentimental". Você é uma pessoa generosa e responsiva às necessidades alheias. Sente tudo, mas às vezes isso acaba sendo extremo. Como eu e muitos outros empatas sensitivos, você pode ser uma esponja emocional cujo corpo absorve tanto o sofrimento quanto a alegria dos outros. Já que as emoções podem ser contagiosas, você é vulnerável a se deixar levar por elas.

A neurociência liga a empatia emocional ao sistema de neurônios-espelho do cérebro, o qual gera compaixão ao espelhar os estados emocionais alheios. Se um amigo está sofrendo, você sofre junto. Se um membro da família está contente, você fica contente também. É natural dizer aos outros "Sinto sua dor. Eu me importo com você". Como empata, meu coração dói com o dos meus familiares quando eles estão passando por um momento difícil. De maneira similar, você é emocionalmente presente com as pessoas, e elas sentem o seu cuidado.

Se você tem empatia emocional, pode se interessar pelas profissões ligadas às artes e ao serviço social, como a psicoterapia, a assistência social, a enfermagem, o treinamento esportivo ou a massagem. Você também pode se dedicar à docência, aos direitos humanos, ao clero ou ao voluntariado em organizações não governamentais, de resgate animal ou outras causas de coração.

Vantagens

- Você é amável e compassivo.
- É um bom amigo, parceiro e colega de trabalho.
- Tem paixão por ajudar os outros.
- Faz os outros se sentirem vistos e ouvidos.

Desvantagens

- Você fica sobrecarregado por sentir emoções em excesso.
- Fica cansado por se doar e agradar os outros demais.
- Tem dificuldade em estabelecer limites saudáveis.
- Negligencia as próprias necessidades e se preocupa em demasia com os outros.

Encontrando o Equilíbrio: Estabeleça Limites Claros

Para estar confortável com a empatia emocional, use estas estratégias para se manter centrado e parar de assumir o estresse alheio.

- **Repita esta afirmação mentalmente ou em voz alta:** "Assumir a dor dos outros não é meu trabalho. Posso mostrar que me importo sem me exaurir." Como lembrete, diga isso ao menos uma vez por dia para incitar seu poder e não se doar demais. Não tem problema se você precisar "fingir" até conseguir viver realmente a mensagem da afirmação.
- **Pratique estabelecer limites saudáveis:** "Os limites são a distância da qual posso amar você e eu ao mesmo tempo", diz o professor Prentis Hemphill.[2] Se alguém lhe pede mais do que você pode dar, aprenda a dizer "Não" ou "Agora não" de modo assertivo. Educadamente, até graciosamente, responda em um tom gentil e firme "Sinto muito, não vou poder fazer isso". Mantenha em mente que "Não" já é uma frase completa. Seja sucinto em vez de entrar na defensiva ou explicar demais. Essa forma de autocura protegerá você de se sobrecarregar com as necessidades dos outros.

Estilo 3. Empatia Intuitiva: O que Sente as Sutilezas

Se o seu estilo de empatia primário for o intuitivo, sua intuição e sensibilidade afiadas o deixam ler as pessoas e suas deixas não verbais com maior facilidade. Considere que esse estilo é uma "empatia sensorial". Sua intuição percebe se alguém está sendo autêntico. Você tem pressentimentos fortes, epifanias, tinos ou sonhos. Também sente as vibrações positivas e negativas que os outros emitem. Elas advêm do que os praticantes da medicina chinesa chamam de "chi", ou energia sutil, que se estende a alguns centímetros ou metros pele afora.

Para alguém que sente as sutilezas, a energia que uma pessoa radia informa muito sobre ela. Albert Einstein acreditava que tudo é energia.

Algumas energias são curadoras, outras, não. Por exemplo, você pode sentir a animação e a criatividade que seu amigo mostra com o projeto cinematográfico que ele está desenvolvendo e receber um impulso no seu corpo. De maneira similar, suas vibrações positivas podem animá-lo. Ou você pode sentir que uma pessoa está sofrendo apesar do sorriso que ela mostra, e o estresse dela chia nos seus ouvidos. A linguagem invisível da energia sutil ajuda a interpretar o seu ambiente e é uma maneira natural de dar e receber empatia.

Se você tiver empatia intuitiva, pode se interessar em ser artista, designer, cineasta, músico, professor ou profissional da saúde. Talvez adore trabalhar com plantas, flores e animais, ou preservar a saúde da vida marinha e dos oceanos.

Vantagens

- Você tem uma intuição forte e um coração aberto.
- Está sintonizado com as vibrações sutis das pessoas, lugares e natureza.
- Consegue perceber as necessidades alheias.
- Expressa a empatia sentindo a energia das emoções.

Desvantagens

- Você pode se sentir cansado, ansioso ou esgotado quando rodeado de pessoas.
- Pode se sentir exposto ou "aberto demais" no mundo.
- É uma esponja de energia que absorve o estresse e as emoções alheias.
- Costuma ficar sobrecarregado pelo número de intuições que capta e não sabe como desligá-las.

Encontrando o Equilíbrio: Proteja-se

Para ficar confortável com a empatia intuitiva, coloque em prática a seguinte técnica de proteção. Pense nela como uma capa da invisibilidade que o protege do estresse alheio ou da sobrecarga de informações intuitivas.

Visualize-se completamente cercado por um escudo de luz branca pura e brilhante. Imagine essa barreira circundando todo o seu corpo, dos pés à cabeça, cerca de quinze centímetros além da sua pele. Ela é semipermeável, permitindo que emoções positivas como esperança, felicidade e compaixão entrem, mas afastando fontes de estresse indesejadas que emanem de fontes exteriores. Essa opção de escudo deixa que você escolha até que ponto quer se abrir. Você pode usá-lo em uma situação específica ou mantê-lo durante todo o dia se precisar de proteção. Às vezes, também pode imaginar um escudo mais forte composto de rocha que afaste aquelas pessoas perto das quais você não se sente seguro.

Estilo 4. Empatia Espiritual: O Místico

Se o seu estilo de empatia primário for espiritual, você empatiza com os outros por meio da sua espiritualidade. Considere que esse estilo é uma "empatia divinatória", que descreve o processo de conexão com a espiritualidade (independentemente de como você o definir) para abrir seu coração. Para alguns, a espiritualidade pode ser Deus, deusa, a natureza, uma inteligência criativa ou o poder do amor. O divino é um ponto de partida para o seu eu maior mais compassivo. Você se torna um receptáculo do Espírito ao dar e receber empatia. Algumas tradições espirituais definem o ego como *edging God out*, "empurrar Deus para fora", o que você estará menos propenso a fazer. Esse estilo reflete a perspectiva sublime da Oração de São Francisco, que diz:

> Senhor, fazei de mim um instrumento de Vossa Paz. Onde houver Ódio, que eu leve o Amor... onde houver Desespero, que eu leve a Esperança... Pois é dando que se recebe.

Como extensão dessa oração, você encara a empatia como uma expressão sagrada de cura que alimenta sua alma e o mundo.

Se você tem empatia espiritual, pode se interessar pelo clero ou pelo trabalho voluntário de caridade. Carreiras satisfatórias para você incluem a psicoterapia espiritual, coach de vida, acupuntura ou ensino de yoga. Ou pode se tornar um escritor ou editor que valoriza a publicação de livros "espirituais" no mundo. No mais, pode levar esse estilo de empatia para a cultura corporativa e os modelos de liderança, criando um ambiente de trabalho mais cooperativo e empático.

Vantagens

- Você valoriza a empatia como um dom espiritual e um estilo de vida sagrado.
- Sente satisfação em prestar serviços.
- Pratica o perdão e a tolerância.
- Usa a oração e a meditação como meios para receber ajuda intuitiva para si, para os outros e para o bem maior de todos.

Desvantagens

- Você pode se tornar um mártir e assumir o sofrimento dos outros.
- Sente-se sobrecarregado pelo peso, depressão e dor do mundo.
- Sua identidade está mais ligada a dar do que a receber.
- Pode enxergar o autocuidado como uma indulgência, não como uma necessidade para se recarregar.

Para se firmar nesse estilo de empatia, muitas tradições espirituais asiáticas, como o taoísmo e o budismo, reconhecem a importância de tomar o Caminho do Meio. Isso significa estar entre a terra e o céu. É um estilo de vida que evita os extremos e encoraja você a cuidar de si como um todo: mente, corpo e espírito.

Encontrando o Equilíbrio: Siga o Caminho do Meio

Todos os dias, lembre-se de se doar para si mesmo. Ajudar os outros é admirável, mas honre também as suas necessidades físicas e emocionais, seu tempo de repouso e nível de energia. Como Pierre Teilhard de Chardin disse "Somos seres espirituais tendo uma experiência humana". *Logo, alimentar sua parte humana é vital.* Reserve um tempo para ao menos uma atividade diária para se centrar, como exercícios, jardinagem, colocar os pés descalços no chão (aterramento), dança, ouvir música, o consumo de comidas saudáveis, yoga... qualquer coisa que o fizer feliz e fortaleça seu corpo.

• ● •

Esses quatro estilos de empatia representam preferências gerais de como dar e receber, mas podem ser flexíveis. Quero apoiar você na melhora das suas qualidades e na gestão das dificuldades para que possa se tornar uma versão mais completa de si. Mas também sugiro que experimente com os diferentes estilos para continuar a expandir seu jeito de expressar a empatia.

O relacionamento mais significativo de todos é o que você tem com você mesmo. Conhecer seu estilo de empatia fornece um entendimento básico de como expressar produtivamente o cuidado e os momentos em que você se sente fora de equilíbrio. Essa informação lhe permite se amar mais e encontrar um modo confortável e curador de se doar e cuidar de si.

A Neurociência da Empatia

Fico intrigada pelo número crescente de descobertas científicas que explicam o que acontece no nosso cérebro e corpo quando sentimos empatia saudável (sem nos doar demais). Por exemplo, o jornal *NeuroImage* revelou que as pessoas com empatia cognitiva tiveram um aumento de massa cinzenta (um grande armazenamento de neurônios que nos permite funcionar com alta performance todos os dias) no córtex cingulado anterior, uma área associada à tomada de decisões. Por outro lado, aquelas com empatia emocional tinham mais massa cinzenta na ínsula, o centro responsável pelas emoções intensas.[3] A estrutura cerebral diferia para cada tipo de empata. Entender a neurociência ajudará você a criar uma narrativa mais completa sobre o funcionamento da empatia na autocura e na cura dos outros.

O Sistema de Neurônios-espelho

O sistema de neurônios-espelho é um grupo específico de células cerebrais que são programadas para a compaixão e a empatia.[4] Elas permitem que você mimetize as emoções dos outros e sinta o que estão sentindo para que entre em sintonia com eles. Quanto mais profunda sua conexão com alguém, mais intenso é o cuidado com ele. Os neurônios-espelho são ativados por forças externas — quando um grande amigo está sofrendo, você também sofre, ou quando seu filho está feliz, você também fica. Acredita-se que empatas supersensíveis tenham neurônios-espelho hiperativos, e psicopatas, sociopatas e aqueles com transtorno de personalidade narcisista possam ter esses sistemas hipoativos.

Ocitocina e Outros Hormônios da Felicidade

Os hormônios são mensageiros químicos que viajam do cérebro para várias outras partes do corpo. Quando você está sentindo empatia, seus hormônios de estresse diminuem, e seus hormônios do bem-estar aumentam para reduzir a dor, aumentar a imunidade e a saúde, assim como manter você mais jovial.

Foi mostrado que a empatia ativa os seguintes "hormônios da felicidade":

- **Ocitocina.** Esse ditoso, aconchegante e difuso "hormônio do amor" pode aumentar a empatia, a confiança e a conexão em seus relacionamentos. Ele é liberado durante o parto, a amamentação, o sexo, o beijo, o abraço, o afago, as amizades, as conversas íntimas e o carinho. Também alivia a depressão e a ansiedade. Quanto maior o nível de ocitocina, mais você vai querer ser amável com você mesmo e com os outros.[5]
- **Endorfina.** Esses analgésicos naturais aliviam o estresse e o desconforto, eles aumentam durante o exercício (uma sensação conhecida como "o barato do corredor"), a alimentação e o sexo. Pessoas empáticas se sentem melhor porque seus cérebros produzem endorfinas, o que traz um embalo de sentimentos positivos e libera a tensão.
- **Dopamina.** Esse hormônio está associado à resposta prazerosa de quando você experimenta a empatia, quando presta serviço a alguém ou durante outras atividades agradáveis. Estender a mão ao próximo pode trazer uma sensação boa, assim como receber empatia dos outros.
- **Serotonina.** Esse é o antidepressivo natural do seu corpo, que aumenta quando você sente empatia. Ele também regula o seu humor, bem como o sono, o apetite, a digestão e a memória.

Nosso comportamento influencia quais hormônios produzimos. Mas nossos hormônios também influenciam nossos comportamento. Por exemplo, se você abraça um amigo humano ou animal, seus níveis de ocitocina aumentam e você sente o amor. Se briga com um colega de trabalho, seus hormônios do estresse — cortisol e adrenalina — disparam pelo seu corpo, aumentando a pressão arterial e os batimentos cardíacos. Então é melhor aproveitar ao máximo seus hormônios da felicidade, canalizando-os para aumentar seu bem-estar.

O Nervo Vago e o Sistema Nervoso Parassimpático

Seu sistema nervoso parassimpático (que cuida do descanso, da recuperação e da digestão) acalma seu corpo, gerencia o estresse, promove uma digestão saudável e abranda os espasmos no trato gastrointestinal. Ele ajuda você a eliminar o estresse, dizendo ao seu corpo *Pode relaxar, tudo bem.*

Seu nervo vago, o mais longo e um dos mais influentes, controla o sistema nervoso parassimpático. Ele conecta seu cérebro ao coração, pulmões e digestão (que também está envolvida na intuição). Atualmente a ciência está descobrindo que a microbiota intestinal — tanto as bactérias saudáveis quanto as nocivas — é capaz de se comunicar diretamente com o cérebro por meio do nervo vago, que pode afetar tanto sua saúde gastrointestinal quanto mental.[6] Esse nervo também regula seu tom de voz e expressões faciais, como franzir a testa ou sorrir.[7] Sem essas deixas, seria complicado interpretar as emoções alheias ou saber se os outros estão mostrando empatia.

O nervo vago está conectado à empatia e ao instinto do cuidado. Na verdade, alguns cientistas propõem que ele evoluiu especialmente para encorajar esse comportamento de cuidado.[8] Assim como os músculos podem ficar definidos, o nervo vago também pode. As atividades que o estimulam (assim como fazem com a empatia) incluem respirar fundo e de modo regular, cantar, cantarolar, entoar, meditar, gargarejar, praticar yoga, tai chi, exercícios aeróbicos, receber massagens, estar com pessoas queridas e rir.[9]

Além disso, qualquer exposição aguda ao frio silencia a reação de lutar ou fugir associada à ansiedade. Banhos frios ou fazer uma compressa fria no peito por quinze minutos são usados para evitar ataques de pânico. No mais, treinar-se para focar pensamentos positivos como *Sou uma pessoa amável* ou *Meu jardim está mais bonito que o normal hoje* em vez de ficar imaginando possíveis cenários do mal e do pior faz seu sistema nervoso parassimpático feliz. Um nervo vago "bem definido" está ligado a uma maior compaixão e gratidão, bem como a um desejo de ajudar o próximo. Todas essas qualidades promovem a saúde e a resiliência emocional.

Sensibilidade de Processamento Sensorial

Pesquisas indicam que algumas pessoas, como empatas emocionais, têm um cérebro muito sensível. Isso lhes confere uma percepção maior de estímulos sutis como luz, som, toque, cheiro, falação alta e lugares lotados. Elas também têm maior capacidade de processar informações mais profundamente, intuição, emoções e empatia. Esse traço é chamado de sensibilidade de processamento sensorial (SPS). Como essas pessoas reagem intensamente ao ambiente em que estão, seus cérebros e corações precisam de mais tempo para processar esses acontecimentos, em especial após conflitos ou interações estimulantes. Indivíduos com SPS não têm os filtros emocionais normais como os outros. Eles tendem a absorver o estresse alheio em seu corpo e são propensos à fadiga e sobrecarga sensorial. Algumas pesquisas pioneiras sobre o traço da SPS mostram uma maior responsividade nas partes do cérebro ligadas à percepção, memória e empatia. A SPS é um estado de alta empatia, já que é encontrada em empatas, que não precisa ser curada. Ainda assim, aqueles dotados desse traço requerem habilidades de enfrentamento como o estabelecimento de limites, a meditação e o autocuidado para que possam aproveitar seus dons sem se sobrecarregarem. Ao lado deste livro, *The Empath's Survival Guide* é um recurso-base para aprender tais habilidades.

A Resposta Imune

Como a empatia funciona em um nível biológico para aumentar a resposta imune? Pesquisas indicam que é possível se curar mais rápido quando o corpo recebe mensagens como empatia, gentileza e tolerância. Elas acionam uma resposta inicial — então as forças de cura naturais do corpo podem agir também.[10]

Quando você empatiza com um amigo que está seja em uma situação positiva ou negativa, seu corpo e o dele liberam ocitocina e endorfina que fortalecem a imunidade, acalmam a ansiedade e trazem tranquilidade. Então, ao ajudar alguém com gestos pequenos ou grandes, você normalmente se sente melhor. Isso é conhecido como "o barato de quem ajuda".[11] Por outro lado, prender-se à raiva ou ao rancor diminui a imunidade, aumentando os hormônios do estresse, que estão ligados a uma alta pressão arterial, doenças cardíacas, insônia, ansiedade e a uma série de outros problemas de saúde sérios.

Pesquisas embasadas também mostraram que simplesmente observar um ato de empatia pode aumentar a resposta imune. Depois de 132 estudantes da Universidade Harvard assistirem a um vídeo da Madre Teresa ajudando crianças que tinham sido abandonadas e vítimas de lepra, os anticorpos na saliva dos alunos aumentaram consideravelmente, um sinal de maior imunidade. Esse achado, conhecido como "Efeito Madre Teresa", é impressionante.[12] Ele demonstra que, quando presenciamos um ato de empatia, isso pode criar uma imunidade mais robusta em nós. Dessa forma, a sua empatia pode melhorar a saúde dos outros, e a empatia deles pode melhorar a sua. Esse é um testamento poderoso que mostra o poder de cura da empatia.

Como você pode ver, nossa mente, corpo e espírito trabalham todos juntos quando expressamos a empatia. A biologia é um aliado inestimável. Entender como abordar essas funções milagrosas, do sistema de neurônios-espelho até os hormônios da felicidade, possibilita criar um ambiente para a empatia florescer. Escutar o corpo com atenção é um jeito de mostrar gentileza com você mesmo, com os outros e com o mundo como um todo.

Charles Darwin, em seu livro *A Origem do Homem* (publicado em 1871, mais de uma década depois de seu *A Origem das Espécies*), escreve que a sobrevivência dos *mais gentis*, não dos mais aptos, é o elemento mais importante da evolução humana.[13] Ele eleva a empatia a um traço crucial a favor da sobrevivência. Darwin argumenta que somos uma espécie profundamente social e cuidadora que ajuda indistintamente aqueles que estão sofrendo. *A Origem do Homem* foi publicado logo antes da morte de Darwin e foi o menos lido de seus livros. Ainda assim, sua virada científica ou percepção em amadurecimento — independentemente de como considerarmos a conclusão astuta de Darwin — aponta para a vantagem biológica da empatia que pode potencialmente preservar a humanidade.

EMPATIA EM AÇÃO

Acalme o Seu Sistema Nervoso

Quando estiver sentindo ou pensando "demais", é hora de priorizar o autocuidado. Pratique este exercício para diminuir a sobrecarga assim que sentir que ela está começando. Se você estiver ocupado demais no trabalho para fazer uma pausa, planeje tirar um tempo para se recompor em casa.

Feche a porta do escritório ou do quarto por alguns minutos. Fique em uma posição confortável e respire fundo algumas vezes para relaxar seu corpo. Diga mentalmente *Para me ajudar a descansar e me recentrar, posso fazer uma pausa e ativar o nervo vago pacífico com a meditação*. Inspire devagar e conte até seis, segure a respiração e conte até seis de novo, então expire e conte mais uma vez. Repita o ciclo três vezes. Essa respiração regenerativa acalma o sistema nervoso. Estando mais sereno, poderá fazer escolhas melhores. Controlar a sua biologia permite que você regule a quantidade de empatia que o faz se sentir bem.

3

Cultivando a Autoempatia

Como Se Restaurar com Gentileza

VOCÊ NÃO PODE IGNORAR suas necessidades e esperar que se cure. Não é assim que funciona.

Como muitos dos meus pacientes, talvez os problemas, as frustrações e os deveres tenham consumido você. Sei como é fácil perder de vista o que mais o ajuda a se curar e a se sentir confortável na própria pele. Em vez disso, dia após dia, você continua marchando feito um bom soldado para cumprir todas as suas responsabilidades — não é o jeito mais divertido de se viver. A autoempatia pode tirar essa pressão para que você possa ser mais produtivo, relaxar e aproveitar cada momento.

Não esqueça que a sua maior riqueza é você. Seu corpo, mente e espírito agradecem toda e qualquer gentileza que receberem da sua parte. Amigar suas emoções, da alegria à dor, bem como ser gentil com você mesmo se estiver sentindo algum desconforto físico, é essencial para desenvolver a autoempatia. Quanto mais você aplicar essa habilidade à própria vida e experimentar os benefícios, mais natural será ter empatia pelos outros.

Sou tão apegada à autoempatia porque ela é o fundamento da cura em situações difíceis. Ela vai além da empatia normal, que costuma ser mais espontânea e direcionada à sintonização com os outros. Sugiro que você faça da autoempatia uma prioridade diária. Em vez de aumentar a pressão assim que acordar de manhã, dizendo *Não vou conseguir lidar com tanta coisa na minha agenda!*, você pode se perguntar *Como posso ser gentil comigo hoje?*

Ainda assim, a autoempatia pode ser elusiva, mesmo para aqueles que a valorizam muito e a procuram. É uma área deixada de lado por muitas pessoas que mostram gentileza ao próximo. Todos já ouvimos como amar — ou mesmo ser gentil conosco mesmos — é um elemento importantíssimo na alquimia da cura. Mas como chegar lá? E, chegando, como viver nesse estado com mais frequência?

A prática é a chave. Ser gentil com você mesmo precisa se tornar um hábito, não apenas um desejo passageiro. Eu lhe mostrarei alguns jeitos de encontrar a autoempatia, uma forma de amor e consolo a que você pode continuar a recorrer quando mais precisar, bem como rotineiramente.

> Nós nos acostumamos a buscar o conforto fora de nós, mas a autoempatia é um trabalho interno.

Como a Autoempatia Pode Curar?

A autoempatia é um comprometimento de se mostrar gentileza em vez de se humilhar ou punir, especialmente quando você não cumpriu o que deveria. Todos temos espaço para melhora e amadurecimento. Talvez seu primeiro impulso seja insistir muito ou ficar impaciente com seu progresso. Ou você pode se culpar demais por suas inseguranças ou supostos "defeitos", mimetizando como suas famílias, professores ou parceiros o tratam. Não há como ganhar nessa situação. Costumo comparar essa autopunição a uma "dis-função" autoimune no qual o sistema imune ataca partes do corpo. O jeito como nos tratamos afeta nossa saúde e bem-estar. Mesmo assim, se uma parte de você, nem que seja pequena, quiser curar esse padrão de comportamento, está no caminho para aproveitar a si mesmo e a vida.

Por muitos anos, quando eu estava solteira, minha tia, pela qual tenho uma afeição imensa, sempre perguntava nos feriados: "Querida, você já casou?"

"Não", respondia eu com uma voz amuada e olhando para baixo, sentindo-me envergonhada por não estar casada. (Naquela época, não conhecíamos tão bem as vantagens da solteirice e as inúmeras possibilidades para relacionamentos íntimos.) Parecia que minha autoestima era um balão que minha tia acabara de estourar. Novamente, fui sucumbindo à inclemência de não me sentir o suficiente enquanto mulher. Eu não me lembrava das minhas conquistas, atratividade e nem dos meus atos de amizade, serviço ou bem-querer.

Como consegui mudar esse padrão de comportamento? Eu sempre reconhecia que o comentário dela me envergonhava e que eu mesma também me envergonhava por estar solteira. Mas eu não queria ofender minha tia, que, fora isso, sempre foi muito gentil comigo. Pensei, *Posso ser melhor do que ela e deixar esse comentário para lá* (o que não estava funcionando muito bem). Mas com a ajuda da minha psicoterapia, consegui reconhecer a minha tendência em agradar as pessoas e diminuir minhas necessidades. Aprendendo habilidades para impor limites com respeito, passei a me valorizar mais, solteira ou não. Uma vez que consegui entender esse padrão de comportamento e me mostrar mais amor, privei-o do poder de me derrubar.

Coloco a autoempatia em prática ao me garantir: *Você já é uma ótima mulher*, algo em que não acreditei muito de início, mas que continuei repetindo assim mesmo. No entanto, dizê-lo, por si só, já era um sinal de boa-fé. Por fim, acabei conseguindo aceitar a verdade intuitiva dessa afirmação. Ela deixou que eu me sentisse bem comigo mesma, solteira ou não. Ter empatia com a minha dor foi um passo proativo para ajudar a curá-la.

Então, todos os anos, quando minha tia fazia a bendita pergunta (sim, eu havia pedido para que ela não tocasse no assunto porque me machucava, mas ela quase sempre "esquecia" e se desculpava pela gafe), eu sorria e simplesmente mudava de assunto. Essa foi uma grande vitória para mim. Às vezes, é difícil até para pessoas amáveis mudarem certas crenças que estão programadas há muito tempo, como a da idade ideal para casar, mesmo tentando mudá-las. No caso da minha tia, percebi que aceitá-la como ela era mantinha minhas expectativas realistas.

Um aspecto da autoempatia que contribui particularmente para a cura é valorizar o que foi bem-feito. Todos os dias, construa o hábito de afirmar *Você fez um bom trabalho*, sem qualificar essa afirmação. Você trabalhou duro e vendeu uma pintura. Trouxe uma refeição para sua mãe, que não é a pessoa mais fácil do mundo. Terminou um projeto complicado. Celebrou o reconhecimento de um colega pelo trabalho bem-feito sem sentir inveja, ou talvez tenha sentido apenas um pouco. Ou conseguiu expressar suas necessidades autenticamente sem priorizar agradar os outros — um triunfo significativo. Por exemplo, você conseguiu dizer "Não me sinto bem em continuar com essa empreitada de negócios, então não vou poder me comprometer" apesar da pressão que seu colega estava colocando em você. Não passe por cima da conquista de empatizar com você mesmo e com os outros nem pule logo para o próximo problema. A autoempatia significa reconhecer *Consegui!* e se sentir bem.

É possível desenvolvê-la ao escolher uma mudança praticável para aplicar por dia durante uma semana ou por mais tempo. Colocar um lembrete no calendário ajuda a incorporar esse hábito à sua rotina.

Depois de uma semana, você pode estender essa prática, marcando-a na sua agenda por um mês. Talvez a autoempatia signifique ficar em casa e tomar um banho de banheira à noite em vez de sair para jantar com um amigo ou socializar. Ou se tratar com mais gentileza quando estiver doente. Ou reconhecer *Não sou responsável pelo comportamento terrível do meu parente quando ele bebe.* Independentemente do incidente, é você que precisa se presentear com esse dom.

A autoempatia é incondicional. Completando ou não seu objetivo, sentindo ou não dor, estando feliz ou triste, tudo bem. Você está do seu lado em todas as circunstâncias.

Faça o teste a seguir para determinar seu nível atual de autoempatia. Use sua pontuação como base para crescer e se curar, tornando-se mais amável com você mesmo.

Qual Sua Pontuação de Autoempatia?

Leia as afirmações a seguir e responda "V" para "verdadeiro" e F para "falso". Suas respostas devem representar como você normalmente se sente. É muito raro ter autoempatia o tempo inteiro.

V / F Eu me trato com a mesma gentileza que trato os outros.

V / F Honro minhas necessidades em vez de sempre colocar os outros em primeiro lugar.

V / F Tenho autoempatia durante momentos difíceis em vez de me culpar e envergonhar.

V / F Consigo impor um limite saudável frente a comportamentos tóxicos.

V / F Eu me permito estar cercado de pessoas que me apoiam e são positivas.

V / F Eu me perdoo quando erro.

V / F Eu me permito receber a gentileza, a ajuda e o amor dos outros.

V / F Consigo ficar feliz comigo mesmo quando faço algo bem-feito.

Você deve interpretar os resultados da seguinte forma: se respondeu "verdadeiro" para sete ou oito afirmações, você tem uma quantidade saudável de autoempatia. Se respondeu de quatro a seis, isso indica uma quantidade moderada de autoempatia. Se marcou de um a três, isso aponta que você tem alguma autoempatia, mas está pronto para mais. Se respondeu zero "verdadeiros", agradeço a sinceridade. Talvez você esteja começando a se tratar bem, mas está prestes a descobrir como fazer isso.

Conectando-se com o Coração

O segredo para acionar a autoempatia é abrir o coração. É dele que advêm a compaixão, o perdão e a gentileza. Considere seu coração uma "central de empatia", uma fonte de amor, inteligência e cura infinitos a que você pode se conectar (bem parecido com uma tomada). Mesmo ao enfrentar situações impossíveis ou se deparar com escolhas confusas na vida, seu coração saberá o caminho. Ele é um aliado a que você pode recorrer — mas primeiro é preciso iniciar o contato. Aprender a acionar seu coração fornece um acesso contínuo a soluções inteligentes e a um suplemento de energia que promove cura.

Em situações estressantes, especialmente se você está quase entrando em pânico ou já sentindo dor, pratique colocar a mão sobre o coração para ativar a empatia. Ou simplesmente focar essa área no meio do peito, que fica a alguns centímetros acima do esterno. Isso ajuda a acionar uma energia de cura e interromper o ciclo do pânico. Se eu sinto uma sobrecarga sensorial quando estou muito ocupada, imediatamente coloco a mão sobre o coração para me acalmar. Por instinto, os pais também fazem isso com os filhos para aliviar o sofrimento das crianças. Posicionar um bebê sobre o peito de um dos pais para que ele ouça seu coração também ajuda.

Não há nada esotérico nesse conceito. É um instinto de sobrevivência e uma expressão de carinho antigos. Ao longo das épocas, o gesto de colocar a mão sobre o coração se mostra poderoso e universal. Os guerreiros prestes a ir à batalha normalmente usam-no para comunicar aos companheiros *Temos todos o mesmo propósito*. Ele também assinala jurar lealdade ou dar sua palavra de honra. Além disso, o gesto é associado ao ato de orar. Muitos de nós naturalmente colocam a palma sobre o coração para indicar *Eu te amo e estou com você* se alguém próximo está passando por um momento difícil ou caso vocês não se vejam por um tempo.

Acionar a "energia sutil" de cura do coração é uma técnica usada há muitos séculos. Praticantes da medicina tradicional chinesa chamam essa energia de "chi". Os kahunas do Havaí chamam de "mana", a medicina ayurvédica, de "prana", e os iogues do hinduísmo, de "shakti". A medicina ocidental também está chegando lá. Os Institutos Nacionais da Saúde dos Estados Unidos estão financiando novas pesquisas sobre as terapias de energia sutil para ajudar a curar a dor e várias doenças.

Sugiro que também aprenda a acessar essa energia para cultivar a autoempatia. Para se conectar ao seu poder para se curar, repita a seguinte meditação. É uma ação possível de praticar em qualquer lugar: em casa, no escritório, no banco do parque ou mesmo no banheiro durante eventos sociais. Praticá-la o ajudará a se sentir melhor e a ser mais gentil com você mesmo e com os outros.

Ativando Seu Poder de Cura: Uma Meditação para se Conectar com Seu Coração

Respire fundo e devagar algumas vezes e relaxe sua mente. Visualize que você está colocando seus pensamentos assustadores ou ansiosos em uma nuvem e deixando-os se afastar flutuando. Então coloque a mão sobre o coração no meio do peito, onde fica o centro energético do coração (ele em si fica um pouco mais à esquerda). Enquanto continua respirando devagar, imagine algo que o faça feliz: um pôr do sol, um golfinho nadando, um arco-íris, uma tacada perfeita. Continue focando gentilmente essa imagem. Sinta seu coração se abrir e se aconchegar com a energia envigoradora fluindo pelo seu corpo.

Se alguma parte específica do seu corpo estiver doendo, imagine que está enviando amor e empatia do seu coração para ela. Isso pode relaxá-lo e infundir a área dolorida com gentileza, seja acelerando a cura ou ajudando você a viver melhor com esse desconforto.

Como extensão dessa prática, a autoempatia também significa aceitar que você é humano e pode evoluir. É claro que ainda vai errar e se arrepender. Você poderá seguir em frente, voltar atrás e seguir em frente de novo. Você não é perfeito. Ninguém é. Graças a Deus. A perfeição é tão chata! Adoro o conceito japonês de wabi-sabi, que vê as imperfeições como algo lindo e interessante. Todos somos uma bagunça e extraordinários ao mesmo tempo. A autoempatia começa com a sua disposição em aceitar suas qualidades nada perfeitas, bem como as estelares.

Então, no seu processo de cura, mude com amor o que precisa ser alterado e seja mais carinhoso com você mesmo em sua jornada.

A autoempatia é uma oração viva que gera saúde e bem-estar. Ela ajuda você a crescer e se curar positivamente.

Autoempatia em Meio à Doença e à Dor

Esteja você resfriado, passando por uma cirurgia ou sentindo dores agudas ou crônicas, a autoempatia facilita sua experiência. Ainda assim, sua prática requer que você comece a liberar sua autoaversão e medo. Seu corpo tem uma inteligência inata. Ele ouve tudo que você diz ou pensa. Muitos de nós acabam se odiando ou se culpando rápido demais. Viramo-nos contra nosso corpo e o tratamos como inimigo quando ele precisa mesmo é de empatia.

Meu paciente John, um contador, sofria de uma síndrome do intestino irritável (SII) crônica, apesar de seu desconforto variar. Infelizmente, ele costumava ter crises de SII durante o período de declaração do imposto de renda. Ele se sentia especialmente infeliz durante semanas logo quando precisava pensar com clareza. Além disso, ficava com raiva do seu corpo por "traí-lo", já que os medicamentos não ajudavam nem a acalmar a crise nem os sintomas em geral. Eu o aconselhei a começar a tratar seu corpo como um amigo, não como um inimigo, e lhe dizer: *Sinto muito pelo seu desconforto tão frequente, ainda mais agora quando está tão estressado. Vou cuidar bem de você.*

Em um primeiro momento, John não gostou da sugestão. Ele franziu a testa e disse "Isso me faz sentir fraco". Eu entendi que "se sentir fraco" era uma fonte de vergonha para ele. Simplesmente o ouvi por um tempo, sem discutir sobre sua resistência.

Ainda assim, na nossa próxima sessão, já sem saber o que mais fazer, ele começou, relutante, mas sinceramente, a colocar a mão sobre o coração e a tratar seu corpo com mais gentileza. "Sinto muito pela sua dor", disse em voz alta. "Já passamos pelas crises antes e vamos conseguir de novo". Também lhe ensinei a respirar fundo para liberar o desconforto em vez de contrair os músculos e prendê-lo. Depois de alguns dias dessa abordagem, John começou a sentir menos dor — uma ótima motivação para se mostrar empatia. Por causa do alívio parcial que sentiu, ele continuou usando essa técnica todos os dias, o que ajudou a diminuir sua dor e desconforto crônicos.

Como no caso de John, às vezes a dor crônica não pode ser eliminada totalmente de uma hora para a outra, ou mesmo nunca chegará a desaparecer, mas a autoempatia pode ajudar a aliviá-la quando você aprende a amigar seu corpo.

Clarifique os seguintes pensamentos sobre o adoecimento para que eles não bloqueiem sua autoempatia. Doenças não são:

- Uma punição ou um sinal de que você falhou espiritualmente.
- Um motivo para se odiar.
- Um motivo de vergonha ou para desistir.
- Evidência de que Deus não existe.

Deixe todas as formas de "dis-função" serem um convite para você empatizar com seu corpo. Não esqueça, uma mente tensa cria um corpo tenso. Quanto mais empatia você tiver, mais endorfinas de bem-estar seu corpo gerará. Elas reduzirão a dor e o sofrimento quando você estiver doente.

Sempre que sentir desconforto físico, você pode se conectar a ele com empatia. Primeiro, identifique a área afetada. Respire fundo algumas vezes e relaxe. Conectar-se com seu coração em situações estressantes, inclusive durante procedimentos médicos ou dentais, reduz o estresse. Continue enviando benevolência à área desconfortável. Essa parte de você — seja um osso, um órgão ou um tecido — precisa da sua compreensão.

Recentemente, dei um mau jeito na minha articulação sacroilíaca enquanto malhava na academia. Foi doloroso. Assim como muitas feridas, ela demorou para se curar. Fiquei frustrada porque precisaria limitar minha rotina de exercícios. Admito que primeiramente tentei insistir e ignorar os sintomas. Mas para a minha consternação, eu sentia pontadas agudas na minha perna. Meu corpo estava gritando *Não gosto quando você insiste. Para!* Então, fui forçada a rever minha abordagem. Em vez de lutar ou ficar ressentida com a ferida, comecei a investigá-la. Descobri as posições preferidas do meu quadril e aquelas que pioravam a dor. Quanto mais eu o ouvia, melhor eu me sentia. Felizmente, em alguns meses, minha dor se foi. Essa experiência me ensinou a me amar um pouco mais e mostrar empatia a uma parte de mim que estava precisando.

Apesar da minha sorte de ter tido uma recuperação total, reconheço que o processo de cura pode ser mais lento e mais difícil se você tiver uma ferida maior que pode demorar mais a se curar ou que não se cure completamente. Ainda assim, a autoempatia só tem a ajudar o processo de cura, amando e respeitando as experiências do seu corpo.

A cura — seja mental, emocional ou física — acontece no seu próprio tempo. É inútil lutar contra isso. Tentar forçar uma recuperação rápida ou esperar do seu corpo algo além do que ele é capaz de fazer piora o desconforto. Tenha paciência com seu momento. É um triunfo delicioso quando você decide não se culpar e, em vez disso, focar a empatia dentro de si que o aconselha como tratar uma ferida, uma dor, um sofrimento.

A autoempatia nos ajuda a aprender a honrar nosso corpo, um meio físico que, na verdade, só nos foi emprestado — é nosso lar temporário. Reconhecendo isso, as necessidades do seu corpo parecem menos um incômodo, e sentirá um maior desejo de se prezar no decorrer dos anos. Inevitavelmente, chegará a hora de dizer “Adeus e obrigado” ao seu velho amigo quando você embarcar para explorar outras grandes aventuras.

Uso a seguinte afirmação de cura, que também recomendo aos meus pacientes para aliviar a tensão. É um jeito rápido de acessar a autoempatia e promover a cura. No decorrer do dia, repita-a para diminuir o desconforto ou simplesmente para se sentir bem.

Estou respirando fundo. Meu corpo está relaxado. Estou avançando para o bem-estar e a tranquilidade.

Autoempatia Quando Alguém Amado Está Doente e com Dor

Ver alguém próximo sofrer pode ser uma das coisas mais difíceis na vida. Talvez seu companheiro tenha fadiga crônica, ou um amigo esteja fazendo quimioterapia, ou seu filho tenha sofrido um acidente de carro e precisará ser operado. Se por um lado costumamos associar a empatia com nossa reação frente a alguém que está sofrendo, também precisamos ter empatia com nós mesmos enquanto cuidadores e apoiadores.

Pesquisas sobre os neurônios-espelho mostram que, se alguém próximo está com dor, os centros do nosso cérebro reagem imitando-o. A empatia fica sobrecarregada quando se trata de pessoas queridas. Todos somos afetados quando elas sofrem. A vontade de ajudar e "fazer alguma coisa" é um instinto humano. Mas, durante uma crise de saúde ou uma doença crônica, é terapêutico estar presente para os outros e para si mesmo das maneiras mais centradas e produtivas.

O que a empatia significa nessas situações? De maneira geral, é ter expectativas realistas quanto ao seu papel, impor bons limites e praticar o autocuidado para não sofrer burnout. Além disso, ela significa estar no momento em vez de ficar inventando cenários assustadores para o futuro.

Há grandes lições para se aprender com a doença. Você pode apoiar alguém querido da melhor maneira possível. No entanto, *não pode assumir o papel de curá-lo em seu lugar* — apesar de você talvez desejar que pudesse ou até quisesse carregar a dor dele. E talvez o mais difícil de tudo seja que *você não pode controlar o resultado.* É ele que vai passar por essa experiência e aprender com ela. Não lhe cabe tirá-la dele, mas você pode oferecer apoio. Entender que isso é uma expressão de autoempatia lhe poupa de ser sugado para o vórtex do sofrimento alheio ou de tentar controlar resultados que não podem ser controlados.

Quando o marido da minha paciente Lynn estava sendo submetido a meses de radiação depois de uma cirurgia extensa, mas bem-sucedida contra um câncer, a situação a testou de várias maneiras. Ela queria mostrar apoio ao seu amado — e mostrou. Mas, com o passar dos dias, Lynn via assustada como Jim emagrecia, empalidecia e se cansava. Ela sabia que ele estava dando seu melhor (o que achei o máximo), todo alto-astral e se concentrando no agora na medida do possível. Mas durante nossas sessões, Lynn me dizia "Quero me manter forte por ele, mas é de partir o coração vê-lo enfraquecer. Não suporto ver Jim sofrer".

Ajudei Lynn a desenvolver a autoempatia para que eles não sofressem ainda mais. Aconselhei que tentasse se conectar ao seu coração todos os dias para acessar seu vasto amor incondicional. Suas necessidades também eram importantes. Para que Lynn se mostrasse presente para o marido, ela também tinha que se salvar. Quer dizer que precisava ser sincera com o próprio sofrimento. Ela me disse: "É horrível ver o Jim sofrer. Não tem problema eu admitir isso, mas ainda me sinto um pouco culpada. Mas para me mostrar presente para ele, também preciso me manter centrada e cuidar de mim. Por nós dois. Não quer dizer que eu o ame menos".

Lynn tirou um tempo para ficar na natureza, ouvir a música do riacho e respirar. Ela se dizia *Não posso melhorar no lugar do Jim e nem controlar o que vai acontecer, mas posso apoiá-lo. Continuarei amando meu marido e a mim mesma. Não deixarei minha mente vagar pelos medos do futuro. Também rezarei para uma querida força espiritual me ajudar.* A rotina de autocuidado de Lynn a sustentou nesse período, às vezes um momento por vez.

Gradualmente, Jim recuperou sua energia. Ele está livre do câncer há alguns anos e agradece a nova chance de viver. Ainda assim, os dois entendem melhor a preciosidade da vida e como, ao receber o diagnóstico de câncer, especialmente dos tipos mais graves, o presente da recuperação é levar um dia de cada vez. Os budistas falam do conceito de impermanência, que aborda o ir e vir de todas as coisas. Apesar de nada na vida ser garantido, inclusive as remissões permanentes, o que esse casal e todos nós podemos aprender com a doença é prezar uns aos outros, agora e sempre — e valorizar nossos familiares e amigos queridos e a vida.

A crise de saúde do Jim foi a cura dele e da esposa. Enquanto médica, companheira de vida e amiga, entendo o impulso de se dedicar 200% para ajudar na recuperação de alguém amado. Mas também sei que, se quiser facilitar a sua experiência como cuidador e a dos outros, a autoempatia é essencial. Você sofre menos quando se mostra misericórdia. Isso não diminui sua contribuição. Ter empatia com você mesmo lhe permite ser mais presente e cuidar mais dos outros.

Se a doença de alguém querido se prolonga, como no caso de fadiga, dor ou doenças crônicas, ela requer que tenhamos uma estâmina e empatia incríveis com eles e com nós mesmos. Alguns anos depois da morte da minha mãe, meu pai foi diagnosticado com doença de Parkinson. Enquanto filha única e principal cuidadora (eu não tinha família por perto), testemunhei aquele pai cuidadoso, honrado e de fala mansa com uma mente lúcida e astuta se degenerar cognitivamente, ficando demente e perdendo sua mobilidade. Ele precisava de ajuda para se sentar e sair da cadeira de rodas e para escovar os dentes.

Apesar de ter tentado cuidar dele sozinha por vários meses (enquanto cuidava do meu consultório psiquiátrico e da sombra de uma vida pessoal), ficou claro que eu precisava de ajuda. Então, por meio de uma agenda de cuidadores, encontrei um casal maravilhoso e amável que pôde ficar com ele em uma clínica (e entendo que essa é uma bênção que muitos não podem bancar). Então, por mais de um ano, com a ajuda desses cuidadores, tive a honra de estar ao lado do meu pai durante o processo. Apesar do enfraquecimento de suas habilidades cognitivas, muitas vezes simplesmente ficávamos sentados lado a lado, sendo pai e filha naqueles momentos comoventes que nunca esquecerei.

Para mim, a autoempatia significava reconhecer minha exaustão, ansiedade e medo de perder meu pai. Assim como chorar ou dormir ou meditar ou conversar com um amigo que me apoiava. Significava ser gentil comigo mesma quando eu sentia que não conseguia aguentar a dor dessa experiência nem mais um dia ou quando perdia a paciência com ele. A empatia comigo e a empatia com os desafios físicos e emocionais do meu pai fez essa fase parecer mais praticável.

Finalmente, em uma madrugada de novembro, às 3h, recebi a ligação inevitável da clínica dizendo que meu pai tivera uma parada cardíaca e falecera. A autoempatia também se estendeu ao meu período de luto profundo por esse homem que foi tão central na minha vida.

Como eu, se você tem alguém querido portador de uma doença crônica ou terminal, a dor e a exaustão emocionais podem parecer impossíveis de aguentar. Mas, se conseguir reunir empatia com você mesmo, a pessoa amada e o processo, ela o ajudará a passar por isso com mais gentileza e tranquilidade.

Autoempatia pelas Próprias Emoções

Todos experimentamos as emoções do amor e do medo, das quais derivam todas as outras. Ansiedade, depressão e frustração são decorrentes do medo, enquanto compaixão, paciência e esperança crescem do amor. Curar-se significa enfrentar dores e traumas passados com o máximo de aceitação possível. Também envolve se desapegar com amor, observando e sentindo luto ou outras emoções difíceis, mas sem deixá-las definirem você. Ninguém escolheria ter uma infância traumática ou pais alcoólatras, mas, se sua experiência foi essa, são lições com as quais você deve aprender.

As emoções são professoras, não atormentadoras. Ainda assim, elas podem sobrecarregar você. A autoempatia pode significar simplesmente reconhecer *Que coisa difícil. Não se cobre tanto.* Mostrar gentileza o ajudará a manter a fé e superar o medo e outros obstáculos.

Curando Sua Criança Interior Ferida

Um passo importante para a cura emocional é desenvolver empatia com sua criança interior ferida, uma parte mais nova de você que se sentiu machucada, ignorada, abandonada, desvalorizada ou insegura quando criança — uma parte que ainda está aí dentro hoje. Recuperar essa criança é crucial na prática da autoempatia. Não importa o quanto você pareça durão, é preciso ter empatia com esse serzinho inocente.

Como um adulto mais engenhoso, você precisa defendê-la e resgatá-la. Hoje, assegure-a: *Eu te protegerei. Não permitirei que seja esquecida, descartada ou machucada novamente.*

Sua criança interior não tem culpa da infelicidade dos seus pais. Na verdade, essa parte preciosa de você nem sempre foi cuidada de forma apropriada ou protegida pelos seus pais.

Enquanto adulto empoderado, você não quer que sua vida seja controlada por sua criança interior ferida que não tem as habilidades emocionais necessárias para desenvolver intimidade ou tolerar frustrações. Recuperar essa parte de você é central para curar quaisquer abusos, negligências e traumas que tenha sofrido.[1]

A autoempatia lhe permite mostrar misericórdia pelo que você passou e liberar qualquer vergonha restante ou falácias sobre a sua infância. Para atingi-la, é preciso estar disposto a perceber esta verdade indisputável: Você é merecedor de amor — da sua parte e dos outros.

Para ajudá-lo a se curar, ofereço a seguinte afirmação empática em nome daqueles que não puderam ou não quiseram dizer: "Desculpe". Leia quantas vezes quiser para encontrar conforto.

Sinto Muito por Terem Machucado Você

Peço desculpas em nome de todos que já machucaram você ou não valorizaram seus dons ou natureza sensível. Sinto muito por terem machucado você. Sinto muito pelas vezes em que não havia ninguém para confortá-lo ou protegê-lo. Eu admiro você. Respeito você. Por favor, aceite as minhas desculpas no lugar daqueles que não o entenderam de maneira sincera. Você é digno de ser amado e merece ser prezado.

O Papel Positivo das Lágrimas

As lágrimas são um jeito saudável de processar a tensão e a dor durante a cura. São a válvula de escape do corpo para a tristeza, a ansiedade, a raiva, o luto e a frustração. Não as segure. Encontre um lugar seguro para permitir que elas venham. Deixe sua criança interior ferida chorar. Deixe seu adulto chorar. Deixe a sua parte sobrecarregada chorar. As lágrimas podem ser uma forma de expressão de autoempatia. Reprimi-las pode levar à depressão ou a uma sensação de dormência que separa você do caráter vibrante da vida. Além disso, também é possível chorar lágrimas de felicidade, como quando uma criança nasce, ou de alívio quando uma dificuldade passa. Lágrimas de felicidade também são renovadoras.

Sinto gratidão quando choro. As lágrimas me limpam. É uma chance de expurgar minhas emoções acumuladas ou aquelas que eu possa ter "pegado" de outras pessoas — uma experiência que os empatas conhecem bem. Então essas emoções não ficarão alojadas no meu corpo como sintomas de estresse, por exemplo, fadiga ou dor permanentes.

Faz muito tempo que defendo o choro. Na verdade, durante minha residência de psiquiatria na UCLA, quando eu e meus supervisores assistíamos aos vídeos, eles mencionavam que eu sorria quando os pacientes choravam. "Não é apropriado", diziam. Eu discordava e ainda discordo. Não estava sorrindo porque meus pacientes estavam com dor. Sorria porque eles estavam tendo a coragem de curar sua depressão ou outras emoções difíceis com lágrimas. Eu ficava feliz de ver seus avanços. Graças a Deus nosso corpo tem essa capacidade. Espero que você também possa apreciar o poder de cura das lágrimas.

Chorar pode nos fazer sentir melhor, mesmo quando o problema não foi resolvido. Além de lubrificar nossos olhos, remover agentes irritantes e expulsar hormônios do estresse, as lágrimas de emoção curam o coração. Os pacientes às vezes me dizem "Desculpe ter chorado, doutora. Estava me segurando para não fazer isso. Quando choro, eu me sinto fraco". Entendo esse sentimento: são pais que ficam nervosos ao ver lágrimas e uma cultura que nos diz que pessoas poderosas "sob controle" não choram. Eu rejeito essas crenças. Homens e mulheres poderosos têm a força e a autoconfiança para chorar (apesar de talvez preferirem ter privacidade, especialmente no trabalho, a não ser que o ambiente seja favorável). São essas pessoas que me impressionam.

Na minha visão, precisamos aprender a abrir espaço para as lágrimas no ambiente de trabalho. Talvez possamos criar ou defender espaços privados onde os funcionários possam meditar, respirar, chorar ou usar outras estratégias que mencionei para acalmar seu sistema nervoso quando estiverem sobrecarregados.

Encorajo meus pacientes a chorarem. Tudo bem chorar por você, pelos outros ou pelo mundo. Deixe as lágrimas correrem para purificar o estresse e o sofrimento. Chorar é um sinal de sintonização consigo mesmo. Depois, a respiração e os batimentos cardíacos se acalmam, e então você entra em um estado biológico e emocional mais calmo. As lágrimas são um sinal de coragem, empatia e autenticidade.

Autoempatia Quando Alguém Querido Está Sentindo Emoções Difíceis

Se o seu parceiro, filhos ou amigos estão sofrendo dor emocional como depressão, ansiedade ou luto, isso pode sobrecarregá-los e você também. É difícil manter os limites, porque os neurônios-espelho do cérebro continuam a todo vapor, empatizando com as pessoas amadas. Você sofre quando elas sofrem. O sofrimento emocional crônico pode enfraquecer sua resiliência. Tudo bem se perguntar nessas situações “Como posso atender às minhas necessidades emocionais para poder servir de ajuda a essa pessoa querida?”

O autocuidado não faz de você alguém menos compassivo ou mais egoísta. Não é seu trabalho assumir o sofrimento dos outros, o que não funciona de qualquer forma. Isso só resulta em duas pessoas sofrendo. O melhor jeito de ajudar o próximo é sendo uma presença positiva enquanto ele se recupera. Apesar de parte de você querer assumir uma parcela da dor ou se sentir obrigado a fazê-lo, é preciso que a pessoa se cure sozinha.

Observe, Não Absorva

Um princípio da autoempatia é observar as emoções da pessoa querida, mas não absorvê-las. Cada um no seu quadrado emocional, não invada o dela.

A experiência dela é o que é: dela. Não é sua! Isso pode ser difícil de entender no início. No entanto, se você realmente quiser ajudar, é preciso ver a pessoa querida como alguém separado de você. Isso o protegerá de sofrer burnout pela compaixão excessiva. Permita que ela encontre seu próprio caminho de cura com a ajuda de um terapeuta, um coach ou outros profissionais da saúde. Se a situação dela não for severa ou ela não correr risco de vida, dê-lhe tempo e espaço para cuidar do problema sozinha. Você não é terapeuta dela, e não é saudável que tente sê-lo.

A cura emocional e física normalmente envolve um pouco de sofrimento. Tolerar o desconforto de alguém amado pode fazer doer nosso coração, mas precisamos aprender a ser pacientes com suas aflições, dores e dificuldades sem assumi-las. Mesmo assim, que fique claro: você não está ali só olhando sem fazer nada. Oferecer sua presença a ele é um ato de compaixão e cura supremas do qual ele se beneficiará.

No entanto, quando crianças, pediram que alguns de nós fôssemos cuidadores de um parente ansioso ou depressivo quando esse papel era inapropriado e insustentável. É importante entender o que aconteceu naquela época, identificar quaisquer emoções que tenha absorvido dele e ter empatia com você mesmo.

Quando eu era uma menininha tranquila e empática de 11 anos que adorava ler, minha mãe, médica e chefe da família, teve um ataque cardíaco repentino aos 40 anos. Por várias semanas, ela me pedia para ficar ao seu lado na cama e segurar sua mão quando ela sentia dores no peito. Naquele cômodo sufocante com as cortinas blackout fechadas, eu queria ajudar, mas estava com medo e sobrecarregada. Temia que ela fosse morrer a qualquer momento. Eu não chorei quando estava ali. Sentia-me tensa, mas amava demais a minha mãe. Odiava estar ali, mas não ousava sair.

Pensava "Queria que meu pai estivesse aqui". Ele era um homem bom e gentil, mas preferia evitar emoções. E enquanto um radiologista ocupado, ele trabalhava o dia inteiro e só intervinha aos finais de semana. Eu queria que ele ou alguém dissesse "A Judith é nova demais para estar aqui" e ajudasse minha mãe no meu lugar. Mas ninguém nunca veio. E eu também nunca reclamei.

Não percebi que estava absorvendo suas emoções. Muitas crianças sensíveis têm esse instinto de proteção para aliviar o sofrimento de alguém querido, mas elas precisam aprender a impor limites saudáveis.

Mesmo depois da recuperação da minha mãe no ano seguinte, sem saber, eu carreguei por anos sua ansiedade achando que era minha. Como muitas pessoas, não percebi o que estava acontecendo nem pensei em jeitos de me desprender do sofrimento da minha mãe. Eu me sentia responsável demais pela sua cura, apesar de não saber como alcançá-la.

Uma década depois, no meu próprio acompanhamento psicoterápico, descobri maneiras de liberar a ansiedade da minha mãe, primeiramente ao entender que ela não era minha e, depois, ao nos ver como duas pessoas separadas e completas; foi um momento de epifania. Essa autonomia é necessária para manter uma distância saudável nos relacionamentos.

Como eu, se você era muito novo ou simplesmente estava despreparado para lidar com a dor emocional de alguém querido, comece a empatizar com você mesmo por estar nessa situação. Ela não foi justa, mas ainda pode ajudá-lo a crescer. O melhor a fazer é entendê-la.

Nós que queremos nos curar somos parecidos neste sentido: estamos aprendendo a manter o coração aberto em meio às emoções fortes, sejam nossas ou dos outros. Estamos descobrindo como liberar a dor e alcançar uma liberdade que existe além de todas as feridas pessoais. As práticas deste livro ajudarão você a ver além de qualquer desafio emocional para que possa experienciá-lo de uma perspectiva mais fundamentada. Para se manter centrado em meio a pessoas que estão exprimindo sentimentos intensos, diga-se: *Eu amo __________, mas sou uma pessoa à parte. Posso ser empático e apoiá-la sem assumir suas emoções. Observarei, mas não absorverei.*

Encontrar empatia em si mesmo e nos outros é uma mudança lenta, mas certa. Enquanto psiquiatra, estou ciente do tanto que podemos nos cobrar. Quando as coisas dão errado, culpamo-nos. Ou talvez tenhamos herdado os julgamentos ou emoções dolorosas dos nossos pais, mesmo tendo jurado que nunca seríamos como eles. Tudo bem.

Apesar dos traumas, da negligência ou da dor que tenha aguentado, aos poucos, você começa a empatizar com sua própria condição humana — e sua emergência. A parte mais desconhecida pode estar começando com você. Não obstante, esse é o começo sagrado, o amanhecer.

O Dom da Autoempatia: Por que É Mais Fácil Ajudar os Outros do Que Você Mesmo

Apesar de a autoempatia parecer um conforto a que todos almejamos, ela acaba sendo um conceito surpreendentemente difícil ou mesmo alheio para muitas pessoas. Muitas vezes, é muito mais fácil ajudar os outros (inclusive estranhos) do que nós mesmos. Por que a autoempatia não é a primeira coisa que nos vêm à mente quando precisamos nos curar? Por que às vezes é tão difícil nos tratar bem? Um paciente me disse uma vez "Estou tão acostumado a me importar com os outros que não me ocorreu empatizar comigo mesmo. Faz eu me sentir egoísta".

Veja se você se identifica com isso ou com algum desses outros motivos:

- A maioria dos pais não dão exemplo de autoempatia nem a priorizam, então nunca aprendemos — apesar de termos visto, com toda certeza, muitos exemplos de como nos criticar!
- Algumas pessoas veem a autoempatia como uma fraqueza, uma indulgência, ou não se sentem merecedoras de receber gentileza.
- Apesar de ajudar o próximo aumentar sua autoestima, quando você sempre se doa, pode não se atentar às suas próprias necessidades.
- Pode ser desconfortável demais enfrentar sua dor ou imperfeições, quem dirá empatizar com elas.

Para se curar, é importante examinar esses julgamentos falsos que sabotam a autoempatia. Evitá-los não funciona, pois eles continuam presentes lá no fundo, bloqueando o caminho do amor.

Somos dignos da mesma compreensão que oferecemos aos outros. Todos os dias, crie o hábito de se perguntar: *Como posso me tratar com mais gentileza e me julgar menos? Como posso ser um bom amigo para mim, assim como sou para os outros ou para meus pets?*

Seja gentil com quaisquer resistências ou bloqueios que você encontre no caminho para a autoempatia. À medida que se cura, você removerá os obstáculos, inclusive traumas passados ou perfeccionismo, que o impedem de se amar.

Quatro Passos de Cura para Praticar a Autoempatia

Os quatro passos a seguir demonstram como trazer a empatia para o seu cotidiano. Eles o ajudarão a reprogramar seus pensamentos improdutivos, elevar o que fala de si mesmo e despertar a energia de cura do seu coração.

Passo 1. Seja Gentil ao Falar Com Você Mesmo

Crie o hábito de se tratar com um tom carinhoso e positivo. A linguagem que usa com você mesmo é importante. Primeiro, estabeleça contato, dizendo-se *Pode contar comigo. Quero apoiar você.*

Passo 2. Conecte-se ao Seu Coração

Coloque a mão sobre o coração para ativar o amor e a empatia incondicionais ou simplesmente visualize essa área e sinta o amor aumentar. Você também pode inspirar essa energia de cura diretamente para uma parte do seu corpo em que sentir desconforto. Não tente removê-lo. Simplesmente relaxe e sinta o calor do seu coração fluir para a área afetada.

Passo 3. Faça-se uma Afirmação Empática Geral

Em situações estressantes, sempre é possível se dizer palavras de conforto simples para começar o processo de cura, como *Sinto muito que você tenha que passar por isso; aguente firme* ou *Vejo que está sofrendo. Vai dar tudo certo.*

Passo 4. Faça-se uma Afirmação Empática Específica

Primeiro, identifique a situação difícil. Depois, empatize com seus sentimentos em relação a ela e afirme sua força interior. Aqui vão alguns exemplos:

- *Sinto-me acabada pela rejeição do meu namorado. Preciso de tempo para me curar e sei que sou resiliente.*
- *Sinto-me invisível em meio à minha família. Mas em vez de me sentir mal em silêncio, expressarei minhas opiniões mais abertamente e me tratarei melhor, independentemente da opinião deles.*
- *Minha vida é tão boa. Sinto que deveria estar mais feliz. Mas não tem problema se sentir infeliz às vezes. Não há motivo para se envergonhar. Eu me sinto melhor depois de espairecer. Também posso buscar ajuda.*

Diariamente, todos enfrentamos entraves, mas isso nem sempre é visível pela aparência. A autoempatia nos ajuda a aprender a nos confortar e a ser nosso próprio melhor amigo.

Praticar a empatia continuará a transportá-lo do sofrimento de uma mente hiperativa e crítica ao conforto do seu coração. Não se pode forçar a empatia. É uma bênção que se convida a entrar, pela qual rezamos, trabalhamos e em que cremos.

O caminho gentil e amável é do coração. Se algum dia você se sentir confuso com o que fazer na vida, a resposta é sempre "Comece do coração". E que dia feliz quando a claridade assumir, e os valores antigos da bondade, gentileza e empatia guiarem suas ações.

Que minhas palavras apoiem você e seu percurso até a empatia. Não é um caminho rápido. Quanto mais devagar você for, mais paciência terá e mais empatia inspirará sua cura em todos os níveis.

EMPATIA EM AÇÃO

Comece a Manhã com Gentileza e Planeje Checagens Diárias

Quando você acordar e durante o dia, reserve ao menos alguns minutos na sua agenda para checar como está. Faça isso de maneira descontraída. Comece o dia com gentileza. Pergunte-se: *Tudo bem? Está feliz? Sobrecarregado com as tarefas? Ansioso com uma reunião? O que faria você se sentir melhor?* Então empatize com sua situação em vez de ignorá-la ou criticá-la. Encontre maneiras de se tratar melhor.

4

Removendo Obstáculos

Curando Seus Gatilhos Emocionais, Traumas e Medos

APESAR DE VALORIZAR, E muito, a empatia, houve ocasiões na minha vida em que eu quis ser empática, mas não consegui. A maioria delas foram momentos em que eu estava com raiva, desapontada ou sentindo muita dor. Foi o que senti aos 16 anos. Meu primeiro namorado, que me enchera de cartas de amor e atenção por dois anos, de repente me largou por uma líder de torcida bonita. Sem explicar nada. Sem dar satisfação. Sem se despedir. Ele nem sequer me ligou de volta. Enquanto uma adolescente extremamente sensível que, pela primeira vez, estava desesperadamente apaixonada, meu mundo estava para acabar. Nunca senti tanta agonia. Empatizar com ele? Nunca passou pela minha cabeça.

Duas décadas depois, esse homem entrou em contato e quis marcar de nos encontrarmos. Tomando chá, ele disse sério "Judith, desculpa mesmo. Foi a pior decisão que já tomei". Fiquei chocada, pois ele chegou a sugerir que reatássemos o nosso relacionamento. Até parece que eu confiaria nele de novo!

Naquele dia, finalmente pude perguntar "Por que você me largou?"

Sorrindo inocente, ele disse "Foi uma coisa boba. Eu queria entrar para os populares", que definitivamente não eram minha turma. Com tempo e experiência, consegui me distanciar mais da dor e entender a superficialidade dos valores do ensino médio. Eu podia empatizar com suas ideias, apesar de não respeitá-lo por isso.

Ainda assim, conseguir crescer naquele dia me ajudou a superar a dor, até mais do que eu achava possível. No mais, tomando nosso chá, tive a oportunidade triunfante de finalmente dizer "Não tenho interesse em reatar nosso relacionamento ou manter contato", um "não" que me empoderou enquanto mulher.

Por que eu quereria entender seus motivos? Ou tentar empatizar com ele? Uma ação imperdoável não é o que é: uma ação imperdoável? Talvez. Mas a recompensa de sentirmos nem que seja uma gota de empatia por alguém que nos machucou é *nos* ajudar a nos libertar da nossa dor. A maioria de nós não foi ensinada isso, e pode parecer contraintuitivo. Mas ironicamente os mesmos obstáculos que me impediram de considerar empatizar com os motivos do meu ex-namorado anteriormente também me impediram de me libertar da dor.

Escolher a empatia é a base das interações mais maravilhosas e mais difíceis da vida. Ela nos oferece uma saída da amargura — se quisermos aceitá-la — para que possamos aprender a amar por completo. A empatia é um verdadeiro agente de transformação e um poder avivador e saudável.

No entanto, quando eu estava pesquisando a literatura popular e científica sobre a empatia, fiquei abismada ao ver como a maioria dos textos parecia intelectualizada, como ela era obviamente uma "boa ideia", uma qualidade altruísta a que todos devemos almejar. Mas parecia ser muito trabalhosa e, para ser sincera, meio chata. No mais, ela não costuma ser associada à cura, o que, para mim, é uma omissão gigantesca. Estudo empatia a vida inteira, mas não me sinto atraída pelo jeito seco e acadêmico como costumam apresentá-la. Conheço bem a tamanha espiritualidade da empatia, seja ao dá-la ou recebê-la, mas os trabalhos não estavam transmitindo aquele seu potencial de cura vibrante.

Então, para começar a rever a empatia e sua vivacidade, considere os seguintes mitos e por que eles não são verdade:

- **A empatia nos tira o pensamento crítico, a esperteza ou a habilidade de raciocinar.** Uma pessoa bem equilibrada pode abordar tanto a empatia quanto a razão. Você não tem nada a perder, mas ganha opções mais inteligentes e razoáveis de resposta ao utilizar a mente analítica e o coração. Isso lhe permitirá ver os outros com mais clareza.
- **A empatia é uma qualidade limitada a pessoas "espirituais", gente caridosa ou empatas sensíveis.** Esses limites não existem. A empatia é um sinal de saúde e gentileza psicológicas em todos nós.
- **A empatia é se martirizar e exaurir ao se doar demais.** Ao impor limites para proteção e praticar o autocuidado, você não se esgotará ao se doar demais. A empatia saudável alimenta tanto a própria pessoa quanto os outros. Não se trata de aceitar um comportamento nocivo ou trair as próprias necessidades. Em vez disso, a empatia ativa as habilidades de cura do coração, o que traz uma sensação ótima e ajuda você a se centrar.
- **A empatia é uma fraqueza que nos torna influenciáveis.** Na verdade, é o contrário. Ter empatia de modo saudável não significa aceitar tudo. No entanto, ela fornece a coragem e a compaixão para ver o ponto de vista dos outros. Feito isso, é possível decidir com firmeza e clareza como reagir.

É Possível Ter Empatia Demais?

A empatia só se torna um detrimento quando a pessoa se doa demais. Ela se importa tanto com os outros que se esquece de si mesma. Ou talvez se identifique tanto com os problemas de alguém que chega a perder a própria identidade e senso de si. Além disso, mostrar empatia por uma pessoa que não quer recebê-la pode parecer intrusivo e sobrecarregá-la. Também é nocivo continuar empatizando com alguém abusivo, conferindo-lhe muitas oportunidades de machucar você. Discirna bem como expressa a sua empatia para que possa fazê-lo de modo equilibrado.

Obstáculos Comuns para a Empatia e Como Superá-los

Pesquisas neurocientíficas mostram que somos motivados tanto pela aproximação quanto pelo evitamento quando se trata de expressar empatia. A aproximação é quando mostramos empatia pois esse comportamento é recompensado. Por exemplo, estudos revelaram que tendemos a mostrar mais empatia se isso fortalecer amizades ou outros laços sociais, ou se as pessoas nos valorizarem por isso. Por outro lado, foi mostrado que talvez a evitemos se a julgarmos emocional ou fisicamente desgastante demais ou se ela requirir muito tempo ou esforço.[1]

A empatia faz parte da programação emocional da maioria das pessoas. Quando nos sentimos confortáveis sendo empáticos, nossa aproximação ou instintos serão mais fortes, então quereremos expressá-los frente às outras pessoas. No entanto, há muitos obstáculos que podem reduzir nosso nível de conforto ao reforçar o padrão de evitamento — às custas de nossa saúde e relacionamentos. Durante a leitura deles, considere com sinceridade com quais obstáculos você se identifica. É um avanço e tanto admitir *Sim, é isso que está bloqueando meu coração. Quero lidar com isso.* Como sempre, seja gentil. Deixe sua mudança ser lenta e verdadeira para que possa curar aquilo que impede seu amor de fluir.

1. Sobrecarga de Empatia

Um dos maiores obstáculos da empatia é o medo de ficar vulnerável e então sobrecarregado. Explorar as próprias emoções ou arriscar sofrer burnout devido aos problemas, dramas e necessidades alheias parece ou doloroso ou perigoso demais. Amigos próximos ou colegas de trabalho podem exigir mais do que você está preparado para fazer, mas não quer desapontá-los. Se colocar limites saudáveis, como dizer "não" ou especificar "O máximo que consigo é isto", você pode se sentir culpado, pensar que é uma pessoa ruim ou temer uma rejeição.

Como uma empata, sei como é desconfortável ser inundado por emoções, especialmente de pessoas queridas. Empatizamos com elas. Nós nos importamos e queremos ajudá-las ou mesmo resolver seus problemas, mas não é possível. Por exemplo, quando um paciente testemunhou a depressão da mãe, ele começou a se sentir deprimido também até que a mãe procurou terapia e começou a melhorar. O marido de outra paciente teve uma dor tão intensa nas costas que minha paciente também começou a senti-la no próprio corpo. Ao desenvolver empatia, esse é um desafio previsível que pode ensinar a você a importância de impor limites saudáveis e de praticar o autocuidado.

Adicionalmente, você pode se sentir sobrecarregado por causa dos seus amigos ou colegas de trabalho que compartilham informações demais sobre a própria saúde, vida amorosa ou conflitos familiares. Alguém pode colocá-lo em uma cilada, desabafando sobre o estresse que tem sofrido no trabalho ou os detalhes de uma doença pungente. Você apoia essa pessoa, mas escutá-la pode ser exaustivo.

Como eu, muitos indivíduos sensíveis estão propensos a absorver as emoções ou sintomas físicos alheios. Muita informação ao mesmo tempo leva ao suplício da sobrecarga sensorial. Nesse estado, um paciente exasperado disse: "Como é que vou explicar para as pessoas que não consigo ficar perto delas porque ouço o secador apitando, o alarme do meu carro disparando, ou porque é todo mundo barulhento demais e meus dedos estão sensíveis?" Ele não estava exagerando. Para se manter centrado e prevenir a sobrecarga sensorial, aprendi como é importante me proteger para não assumir o sofrimento de meus pacientes ou de outras pessoas. Além disso, tento me retirar da situação e espairecer quando os estímulos externos ficam intensos demais.

Durante a faculdade de medicina na USC, fomos avisados da possibilidade de sofrer a "Síndrome do Estudante de Medicina", na qual médicos em formação ocasionalmente mimetizavam os sintomas de uma das doenças que estavam estudando, as quais iam de viroses a problemas cardíacos e tumores cerebrais. (Alguns pesquisadores reportam que a síndrome ocorre em impressionantes 70% dos estudantes de medicina.) Essa é uma forma de sobrecarga por empatia, apesar de que, na época, não soubemos interpretar assim. É verdade que éramos influenciáveis, mas muitos de nós, como curadores novos e idealistas, nos importávamos tanto e estávamos tão imersos no tratamento de nossos pacientes que nossa empatia explodiu.

Ninguém chegou a debater como lidar com esse fenômeno incompreensível e um tanto desconcertante, ao qual eu estava propensa devido às minhas tendências empáticas de sustentar a dor dos outros. Além disso, minha mãe judia superprotetora, mas amável, passou-me o hábito ansioso de "imaginar o pior" no caso de doenças, como ver um simples espirro como um aviso de um resfriado grave. Infelizmente, como estudantes de medicina, nunca aprendemos a impor limites claros ou a lidar com nossos próprios medos de doença que pudessem atrapalhar o nosso tratamento dos pacientes.

A empatia não tem um botão de desligar em que você se fecha ou a limita, mas é possível regulá-la. Ao empatizar com alguém, é possível lhe comunicar com compaixão "Eu me importo com você, e meu limite de ajuda é este". Você decide o tamanho do seu envolvimento na situação.

Não é só porque alguém tem muitas necessidades que você precisa atendê-las.

Para começar a assumir um papel mais proativo na sua quantidade de empatia, sugiro que mantenha em mente os seguintes "direitos". Eles o ajudarão a manter uma mentalidade saudável e a prevenir ou diminuir sua sobrecarga antes que ela aumente demais.

Estabeleça Limites para Prevenir a Sobrecarga

- Tenho o direito de dizer "não" ou "não, obrigado" de maneira amável e positiva.
- Tenho o direito de limitar o tempo que passo escutando os problemas dos outros.
- Tenho o direito de descansar e de não estar sempre disponível para todos.
- Tenho o direito de usufruir de uma paz tranquila no meu lar e no meu coração.

2. Gatilhos Emocionais

Se os seus gatilhos emocionais forem ativados, a empatia provavelmente será a última coisa a passar pela sua cabeça. Eles são elementos reativos que são ativados por comportamentos ou comentários insensíveis, raivosos ou indelicados. Muitas vezes, quando padrões psicológicos antigos são acionados, você pode ou se retrair emocionalmente ou simplesmente se sentir machucado. Ou ficar com raiva e reagir agressivamente, mas depois se arrepender de ter explodido. Você pode reagir dessa forma por se sentir ignorado, julgado ou por achar que tem razão. Além disso, pode estar resistindo a sentimentos dolorosos que possam ter vindo à tona. Por exemplo, seus gatilhos podem ser acionados se um colega de trabalho diz "Aquela promoção é areia demais para o seu caminhãozinho" ou se seu pai declara "Por que alguém te ouviria?" Então, fica chateado, entra na defensiva e se sente desrespeitado. No mais, você pode duvidar de si mesmo ou até se sentir inferior, como se tivesse feito algo de errado.

No meu recente treinamento de empatia em uma grande empresa de tecnologia, ouvi de um funcionário: "Acho difícil empatizar com um colega de trabalho quando ele chega cheio de negatividade e fica julgando minhas ideias antes de ouvi-las".

Eu o entendia. Era uma situação sensível.

Mesmo assim, eu lhe disse "Essa é uma chance de explorar por que você se sente tão atacado, não só irritado, o que é compreensível, por esses comentários. Então, pode começar a curar esse gatilho. Primeiro, tente encontrar empatia para com seu colega. Não esqueça que pessoas que julgam demais costumam se cobrar mais do que todos. Imagine o que passa pela cabeça delas quando estão sozinhas! Isso não é desculpa, mas ajudará você a vê-las com mais compaixão e a não ser tão reativo em relação aos comentários".

Examinar a fonte passada do gatilho foi importante para esse funcionário. Eu lhe disse "Identifique quaisquer ideias críticas ou negativas advindas da sua família ou da sociedade, como 'Não mereço me defender' ou 'Estabelecer limites é egoísta'". *Essas crenças falsas são baseadas em medos e equívocos.* Todos temos gatilhos emocionais que precisam ser curados. Ao curá-los, você não se sentirá atacado ou esgotado tão facilmente pelos comportamentos alheios. Tente praticar o seguinte exercício.

Cure Seus Gatilhos Emocionais

Em seu diário, identifique seus três maiores gatilhos emocionais. Talvez seja quando alguém critica sua aparência ou escolha de trabalho, ou ignora suas ideias ou sentimentos. Então se pergunte: *Isso me lembra alguém da minha infância?* Será um familiar ou um professor? Ou um amigo que estava simplesmente sendo injusto? Escreva essas respostas para esclarecer o que está acionando os gatilhos. Então se tranquilize: *Nenhuma dessas afirmações é verdade. Sou uma pessoa amável e digna. Mereço ser ouvido e valorizado. Prometo empatizar com a parte de mim que se sente ferida ou indigna para que eu possa me curar.*

Seu objetivo é acionar menos os gatilhos com o passar do tempo. Por quê? Porque se sentir atacado é exaustivo e doloroso, assim como coloca uma barreira entre você e sua empatia pelos outros. Você fica tão preocupado em gerenciar seus sentimentos feridos que talvez não lhe ocorra empatizar com você mesmo ou até com as pessoas cujas inseguranças se manifestam na forma de colocar os outros para baixo e tratá-los como errados.

Quando você honra seu verdadeiro valor, não será tão reativo. É libertador parar de conferir aos outros o poder de irritá-lo tanto. Talvez você ainda fique chateado com os comentários, o que é compreensível, mas não ficará tão murcho, zangado ou machucado como se tivesse levado um soco no estômago. Às vezes, a caminhada é longa, mas uma vez que você tenha nem que seja um pouco de sucesso nisso, estará reforçando uma reação mais saudável.

3. Traumas Passados

Às vezes, traumas antigos, sejam eles da infância ou de outro momento da vida, podem bloquear inconscientemente a sua empatia hoje. Você pode se sentir vulnerável demais, como se estivesse arriscando se machucar novamente caso se abrisse assim de novo. Os primeiros traumas podem incluir ser envergonhado, culpado, sofrer bullying ou ser respondido com gritos por pais, figuras de autoridade ou outras crianças. No mais, você pode ter tido pais ou companheiros narcisistas, alcoólatras ou emocionalmente e/ou fisicamente abusivos que destruíram sua autoestima, empatia e dignidade com *gaslighting*[2], castigos ou outras manipulações.

Seu passado pode impactar seu presente. Alguns dos meus pacientes que tiveram traumas na infância me dizem no início dos nossos trabalhos "Eu vivo todos os dias com uma sensação constante de medo, que normalmente não está relacionada a nada específico". Eles se tornam hipervigilantes, examinando com frequência o ambiente em busca de ameaças potenciais, o que não lhes deixa muito espaço para confiar nos outros ou empatizar com eles. Como alguns dos meus pacientes, você também pode ter flashbacks e uma reação aumentada ao conflito quando está exposto a situações parecidas. Por exemplo, quando seu companheiro está desapontado ou zangado, você pode ficar devastado por dias.

Para curar traumas antigos, considere, sempre com compaixão, como esses eventos ainda podem estar afetando sua capacidade de empatizar e amar. Não vai querer deixar seu passado controlar você. Nenhum trauma é insignificante ou "pequeno demais". Como muitos sobreviventes de traumas, você pode ter lidado com o seu se insensibilizando, desligando a empatia ou contornando sentimentos como a raiva ou o luto por que eram muito dolorosos.

Por ora, pergunte-se *Quais foram meus primeiros traumas? Eles estão me impedindo de me amar ou de ter relacionamentos saudáveis hoje?* Então, com uma gentileza suprema, reflita se está pronto para se curar nesse sentido. O motivo para revisar o passado é aprender com ele, não ficar remoendo um incidente traumático ou o que você "deveria" ter feito em dada situação. É contraproducente explorar essas questões prematuramente. O momento precisa lhe parecer intuitivamente certo para iniciar tal recuperação.

Quando estiver pronto para lidar com um trauma, encorajo você a procurar um terapeuta, um especialista em traumas ou um conselheiro espiritual para receber apoio adicional, de modo que não se sinta sobrecarregado ou retraumatizado quando explorar esse tópico sensível. Você não precisa fazer esse trabalho de cura intenso sozinho.

Uma ferramenta básica para curar traumas é a autoempatia. Aqui vai um plano de ação para começar.

Tenha Compaixão com Você Mesmo

Diga-se com amor: *Terei compaixão por tudo aquilo pelo que passei. Não foi culpa minha. Eu não fiz nada de errado. Terei compaixão pela minha adorável criança interior que não mereceu ser tratada tão terrivelmente. Amarei e protegerei essa criança agora. Também terei compaixão pelo adulto gentil que me tornei.*

4. A Vergonha de Ser Sensível Demais

Já que muitas pessoas sensíveis foram envergonhadas enquanto crianças e adultos por causa de sua sensibilidade, elas podem mostrar relutância em expressar empatia agora. De modo similar, pais ou professores podem as ter repreendido "Você precisa ser mais casca grossa", "Você é intenso demais" ou "Você se importa demais". Ou, como muitas pessoas sensíveis, talvez você sempre tenha se sentido diferente ou deslocado. Não é preciso ser um empata para ser humilhado devido à sua natureza sensível. Talvez tenha desenvolvido uma casca grossa porque viu seu irmão sofrer bullying por ser um "fracote". Ou se isolou para se proteger dos surtos de raiva do pai. Há muitos motivos para a empatia ser ridicularizada ou enterrada.

Como muitos pais cheios de boas intenções, os meus me fizeram sentir que minhas sensibilidades eram motivo de vergonha. Fiz o meu melhor para desligar minha abertura a ela. Se você também foi envergonhado por causa dessa habilidade nata, quero que saiba que ela é um recurso. As estratégias deste livro o ajudarão a lidar com os desafios que a acompanham. Com esse apoio, você pode começar a abrir sua empatia e forjar um relacionamento confortável com seu eu sensível. À medida que ele redespertar, todo o seu ser ficará mais desperto também.

Curando a Vergonha

Faça um pacto com você mesmo para amigar suas sensibilidades novamente. Garanta-se: *Eu valorizarei a minha habilidade de sentir coisas profundas por outras pessoas, animais e natureza. Se, ao lidar com uma infância difícil, desliguei minha empatia, começarei a curar e a liberar essa vergonha para que eu me livre completa e definitivamente dela.*

5. Inveja e Ciúmes

Uma das maiores alegrias da empatia é que, compartilhando do sucesso e da felicidade dos outros, você pode participar de sua energia positiva e edificante. Quando consegue ficar feliz por um amigo ou concorrente sem se sentir ameaçado ou diminuído, a sensação é libertadora, de verdade.

No entanto, o ciúme e a inveja bloqueiam o fluxo de positividade que chega até você. O ciúme é um tipo de insegurança em que alguém teme que lhe tirem alguma coisa. Por exemplo, quando você tem ciúme do sucesso de um colega de trabalho por medo de que ele lhe roube o emprego. Por outro lado, a inveja é querer o que fulano tem e você, não — como fama, riqueza ou um casamento estável. Tudo isso o impede de colher os imensos benefícios de estar feliz pelos outros, uma forma vibrante de empatia e de bênção para todos.

Observe com compaixão quaisquer ciúmes e inveja em você. Escreva em um diário o que aciona esses sentimentos e anote como eles impedem que você compartilhe da felicidade de um amigo. Então se dirija internamente às suas inseguranças: *Estou pronto para me desprender disso*, em forma de oração. Além disso, construir autoestima pode curar esses obstáculos para a empatia. Seu eu maior sabe que há abundância suficiente para todos. Comparar sua situação à de outro é como comparar fogo e gelo. Tente seguir o exercício simples de gentileza e gratidão para reprogramar sua perspectiva.

Fortaleça Sua Autoestima

Tire alguns momentos para focar seus projetos bem-feitos e seus motivos para gratidão em vez de ficar obcecado com supostas deficiências ou com a vida dos outros. Estabeleça a intenção de ficar no seu quadrado em vez de sucumbir a comparações. Além disso, tente empatizar com seus estresses, sonhos irrealizados ou arrependimentos. Quanto melhor se sentir com você mesmo, menos inveja e ciúmes terá — e aproveitará mais o sucesso alheio.

6. Expectativas Irreais

É importante ter expectativas realistas sobre os outros em vez de simplesmente ver o melhor neles, como muitas pessoas amáveis e empáticas costumam fazer. Idealizar alguém ou ignorar suas limitações é decepção na certa. Estamos todos no mesmo nível. Ninguém é melhor ou pior do que você. Quando alguém lhe contar algo sobre si mesmo, como "Não costumo me doar muito", é preciso acreditar.

Minha paciente Jean, uma executiva inteligente e sensível, conheceu um homem que a deixou nas nuvens. "Ele é tão brilhante, carinhoso e divertido", disse. O rapaz também lhe contou (e Jean não acreditou) que ele era extremamente independente e não estava procurando nada sério. O homem nunca desviou dessa mensagem clara — mas não era isso que Jean queria ouvir. Ela pensou *Se eu tiver paciência, nosso amor vai fazê-lo mudar de ideia*. Poxa, não fez. Inevitavelmente, ela sofreu, desapontada, e ficou amarga e ressentida por um bom tempo.

Fazer de uma pessoa o que você quer que ela seja pode levar a um coração partido e à decepção. É como entrar em uma loja de ferramentas cheia de prateleiras frias com equipamentos funcionais e esperar encontrar um croissant delicioso e quentinho e café fresco. Não vai acontecer. Ainda assim, Jean ficou ferida e zangada; culpou o homem pela própria infelicidade. Ela demorou meses até conseguir aceitar e mesmo empatizar consigo mesma por ter entendido errado a situação. Admitiu como ele tinha sido honesto. Foi uma lição dolorosa, mas útil, de aceitar a situação como ela é.

Não deixe expectativas irreais te colocarem em um cenário parecido. Entendo o quanto podemos querer o amor ou o sucesso; ignorar os sinais de alerta que estão evidentes desde o início de um relacionamento ou de um projeto criativo. Então mantenha a clareza e o foco. Treine-se para ver as pessoas e as situações com exatidão.

Tome um Choque de Realidade

Para qualquer relacionamento novo ou atual, pergunte-se:

- Estou vendo a pessoa por inteiro, com seus traços positivos e negativos?
- Estou propenso a fantasiar e a viajar na maionese?
- Acredito no que as pessoas me contam sobre si mesmas ou invento desculpas para elas?
- Será que minhas expectativas são realistas?
- Reconheço algum sinal de alerta?

Avalie suas respostas com compaixão para determinar até que ponto você vê os outros com clareza. Se respondeu "não" a uma ou mais perguntas, continue monitorando como alinhar melhor suas expectativas à realidade.

Não continue destinando seu amor e lealdade a pessoas que não podem retribuí-los. Além disso, tome cuidado para não esperar demais dos outros. Uma definição para insanidade é quando você continua voltando à mesma situação, mas esperando resultados diferentes. Às vezes, ter empatia significa aceitar que alguém está fazendo o seu melhor (apesar de isso talvez ainda não ser ótimo) e em sequência diminuir as expectativas. Isso o ajuda a ter relacionamentos realistas com mais empatia e aceitação pelo que os outros podem lhe dar, mesmo se o que receber não seja o que estava esperando.

7. Você Não Gosta de Alguém

É mais difícil ter empatia por pessoas de quem não gostamos, com quem não nos damos bem ou de quem discordamos. A empatia significa simplesmente conseguir entender a perspectiva dessas pessoas, independentemente do quanto suas opiniões difiram das nossas ou sua personalidade é desagradável. Não estou me referindo a pessoas abusivas aqui (tratarei desse assunto no Capítulo 8) — só gente comum que pode ser irritante ou criticar demais ou exibir comportamentos desafiadores. Lembre que todos podemos ser difíceis de lidar às vezes. Faz parte da natureza humana. Perceber isso pode ajudá-lo a pegar mais leve com você mesmo e com os outros.

Gostar de alguém costuma ser uma questão de preferência pessoal. Na Índia, quando algumas pessoas se cumprimentam, é comum fazer uma pequena reverência e dizer "Namastê", o que significa *Respeito o espírito em você.* Isso não necessariamente significa *Gosto de você.* Quando focamos muito o desgostar de alguém, isso pode se tornar um ressentimento que machuca principalmente nós mesmos. Acabamos desperdiçando muita energia que poderia ser melhor aproveitada em atividades mais felizes. Os benefícios da empatia podem, às vezes, tratar mais de nos trazer paz do que mudar o outro. Mesmo se não gostamos da personalidade de alguém, podemos respeitar seu espírito.

A Experiência Namastê

Pratique dizer mentalmente *Namastê* para aqueles que o irritam ou de quem você não gosta. Isso traz mais positividade para uma interação no lugar de alimentar a negatividade. Em vez de enfatizar se gosta ou não de alguém, diga mentalmente a essa pessoa *Respeito seu espírito e as dificuldades por que passou. Eu lhe desejo tudo de bom.*

8. Fadiga e Insistência Excessiva

Quando estamos bem descansados e não nos sentimos pressionados, é mais fácil sentir empatia pelos outros e por nós mesmos. O sono é nosso amigo. Ele nos cura, acalmando o sistema nervoso, reparando o cérebro e refrescando a alma. O ditado "Amanhã é outro dia" parece verdade quando dormimos direito.

Insistir e apressar também pode bloquear a empatia. Não estou dizendo que não é para trabalhar duro. É apenas para garantir que não marquemos tanta coisa a ponto de nos sentirmos ansiosos, exaustos ou pavio curto com os outros ou conosco mesmos. É mais difícil sentir empatia se estamos cansados ou estressados.

Recentemente, quando estava revirando uma caixa de memórias de infância, encontrei um boletim da quinta série em que a professora escreveu, "Judi [meu apelido na época] é boa aluna, mas não precisa se cobrar tanto!" Eu sempre me esforcei e adorei trabalhar, mas aprendi que preciso desacelerar para não sofrer burnout. Quando estou sob pressão ou insisto demais (o que é a minha cara), fico ríspida e menos empática. Não quero ser assim.

Priorize o Sono e a Folga

Para abraçar seu melhor e mais empático eu, reavalie sua agenda para criar períodos em que não está trabalhando ou resolvendo problemas. Para atender às demandas muito reais da vida, seu descanso é importante. Comprometa-se a não sacrificar seu sono e garanta tirar um tempo livre quando precisar para reparar e reiniciar o cérebro, a energia e o amor no coração. Essas são maneiras de mostrar gentileza com você mesmo e alimentar sua capacidade de empatia.

9. Ruídos Tóxicos

Pessoas empáticas costumam ser sensíveis e ter menor tolerância a barulho. Quando uma ambulância passa, preciso colocar as mãos nos ouvidos porque a sirene me atinge em cheio. Outros ruídos altos e abrasivos (especialmente se forem contínuos) como uma furadeira, música nas alturas, um falatório incessante ou cachorros latindo podem mexer tanto com você a ponto de não conseguir pensar direito, muito menos ser empático. Em resposta, você pode inconscientemente se isolar para se proteger, entrando na defensiva ou se fechando emocionalmente. É possível honrar a sensibilidade ao som criando um ambiente o mais tranquilo possível.

Estudos mostram que os ruídos têm efeitos psicológicos nocivos no nosso corpo por aumentar estresse, insônia, ansiedade, hipertensão e doenças cardíacas.[3] Como a exposição crônica ao ruído excessivo ativa a amígdala do cérebro (o centro de emoções como o medo e a agressão, bem como memórias dolorosas), ela pode aumentar os hormônios do estresse, o que reduz a imunidade, torna-o irritável e diminui sua empatia. A Organização Mundial de Saúde chegou a reportar recentemente que, na Europa Ocidental, o barulho excessivo foi relacionado a 3 mil mortes por doenças cardíacas e tirou anos da longevidade de milhões de pessoas![4]

Um ruído alto e repentino também pode engatilhar um transtorno de estresse pós-traumático, ou TEPT, e ataques de pânico. Por exemplo, no caso de um veterano de guerra, fogos de artifício ou um carro dando pipoco podem ativar um flashback violento de um massacre durante o combate. Ou o barulho de um tiro pode engatilhar memórias de violência armada se alguém experienciou isso na infância. Vozes altas e agressivas podem trazer à tona cenas de brigas violentas dos seus pais quando você era criança. Ruídos altos, especialmente se repentinos, sobrecarregam os circuitos sensoriais. Eles podem burlar suas defesas psicológicas de modo que traumas do passado, que normalmente ficam dormentes, submerjam do seu inconsciente.

Pessoas sensíveis também precisam de mais tempo para processar informação. Tirar uma pausa dos problemas nos confere espaço para respirar e entender melhor a vida. Muitas pessoas acalmam a mente ficando absortas em filmes ou séries. Não tem problema, mas às vezes, quando somos expostos a muito barulho, talvez só queiramos paz e sossego. Simplesmente descansar em um quarto silencioso, meditando ou tirando um tempo para espairecer sozinho ajuda. Ouvir músicas meditativas e audiolivros tranquilizadores ou se deleitar com poesias e artes visuais inspiradoras fornecem ao cérebro a chance de recuperar sua clareza cognitiva, então nos sentimos renovados e mais empáticos.

Faça uma Pausa Silenciosa e se Renove

Planeje períodos de tranquilidade para se recuperar do nosso mundo barulhento e acelerado. Isso ajuda a acalmar o sistema nervoso e a mente, um ato de autoempatia.

É rejuvenescedor marcar ao menos cinco minutos de tranquilidade ou, melhor ainda, uma hora ou mais de silêncio completo em que ninguém possa interromper. Faça como eu e pendure uma plaquinha de Não Perturbe na porta do escritório ou do quarto. Durante esse período para se reiniciar, você oficialmente escapou do mundo. Está livre das demandas e da barulheira. Também é uma boa comprar fones de ouvido com cancelamento de ruído para bloquear o barulho.

Se silêncio demais for desconfortável, vá caminhar em um parque local ou em uma vizinhança tranquila para espairecer da estimulação sonora excessiva. Simplesmente foque colocar um pé na frente do outro, o que chamamos de caminhada consciente. Nada para fazer. Nada para ser. Vá devagar e evite falar. Se vierem pensamentos à mente, continue focando a respiração, cada inspiração e expiração. Simplesmente deixar a vida se ajustar regenerará o seu corpo e coração empático.

Aprendendo a Empatizar com Nossas Diferenças

Diferenças aparentes ou reais podem configurar obstáculo à empatia. Estudos mostraram que pode ser mais difícil empatizarmos com experiências que diferem das nossas. Tendemos a procurar conforto em similaridades, já que geralmente sabemos o que esperar, em vez de em áreas em que diferimos uns dos outros. Se quiser aumentar sua empatia, atente-se a esse condicionamento para que possa começar a abrir seu coração aos outros que, inicialmente, você talvez não entenda. Também é possível aprender a empatizar com as próprias unicidades, necessidades e diferenças.

Por exemplo, nem todo mundo percebe o mundo da mesma maneira. Há uma variedade criativa de estilos cognitivos que expressam neurodiversidade, como o transtorno do espectro autista (TEA) e o déficit de atenção com hiperatividade (TDAH). Cada estilo tem os próprios dons e desafios.[5] Algumas pessoas com TEA, por exemplo, precisam de tratamento domiciliar. Outras podem operar no mundo em um nível mais sofisticado, até mesmo como gênios (uma forma de TAE anteriormente associada à síndrome de Asperger). Exemplos conhecidos de portadores de Asperger incluem Steve Jobs, da Apple; Elon Musk, da Tesla; e a Dra. Temple Grandin, uma querida educadora sobre o autismo.

Em todo caso, é útil ver com empatia os colegas, familiares queridos, amigos ou o seu eu neurodivergentes. Isso significa honrar vários estilos cognitivos em vez de julgá-los inferiores, apesar de alguns poderem trazer mais dificuldades diárias práticas. A seção seguinte apresenta maneiras de desenvolver empatia para honrar diferentes sistemas cognitivos.

Desenvolvendo Empatia

O primeiro passo para desenvolver empatia por pessoas diferentes de você é entender a situação do outro. Por exemplo, se alguém está no espectro autista, você pode empatizar com a pessoa ao se mostrar sensível às necessidades físicas e emocionais dela, que podem diferir das suas. Pode desacelerar e se conectar ao ritmo dela em vez de esperar que ela reaja da mesma forma que você. Fale mais devagar. (Ou, se você fizer parte do espectro e se sentir confortável com alguém, também pode pedir que a pessoa vá mais devagar.) Quando perguntar alguma coisa, espere a resposta. Algumas pessoas no espectro podem demorar mais do que outras para processar e reagir ao que você está comunicando.

Além disso, esteja ciente de que aqueles com TEA costumam se sentir sobrecarregados pelo toque, contato visual intenso, ruídos e ambientes caóticos. De regra, é melhor não os abraçar a não ser que confirme antes se eles se sentem confortáveis com isso. Mesmo se alguém está impedido de se comunicar verbalmente, aja com o coração e mostre aceitação e curiosidade em relação à pessoa. Vocês estão se conhecendo. É uma dança contínua de conexão e respeito.

Costumam me perguntar se empatas e pessoas altamente sensíveis também fazem parte do espectro por causa de suas tendências similares em experimentar sobrecarga sensorial. Tenho visto que alguns empatas têm autismo, mas aqueles que fazem parte do espectro não costumam ser empatas.

Tive a honra de conversar com a Dra. Temple Grandin, uma professora de ciência animal da Universidade Estadual do Colorado que compartilhou abertamente as próprias experiências com o TEA. A Dra. Temple me disse que quando vê animais ou pessoas se machucando, ela sente a dor, e sua empatia imediatamente entra em ação para ajudá-los. Ela vê emoções mais como uma "tempestade passageira". "Vivo mais no presente", disse. Apesar de as pessoas que fazem parte do espectro poderem ser menos reativas emocionalmente (não necessariamente menos empáticas), isso pode ser uma vantagem para ajudá-las a se manterem centradas em situações acaloradas. Será interessante descobrir o que as futuras descobertas científicas revelarão sobre a relação entre empatia e TEA.

• ● •

Espero que esta seção ofereça um ponto de partida útil para empatizarmos com nossas diferenças. Muitos tópicos sagrados e complexos da diversidade requerem nossa empatia — incluindo as nuances de etnicidade, gênero, sexualidade, neurodiversidade e muito mais. Apesar de explorações completas desses tópicos estarem além do alcance deste livro (encorajo você a procurar os excelentes recursos já disponíveis sobre a rica variedade de funções cognitivas), a empatia pode começar a nos ajudar a nos entendermos e a outros nessas áreas também. O objetivo é sempre remover obstáculos que mantêm nossos corações fechados ou alimentam mal-entendidos em vez de respeito, tolerância e amor.

• ● •

Ao rever esses obstáculos comuns à empatia, continue considerando o papel deles em sua vida. Esta é uma investigação gentil e contínua. Aceite sua situação e aspire curar quaisquer obstáculos. Na minha vida, não quero esses bloqueios impedindo a minha utilidade para os outros (o que pode acontecer) ou limitando a empatia que tenho comigo e com os outros.

Então continuo praticando a autorreflexão, conferindo-me o benefício da dúvida toda vez que falho na empatia ou resisto a ela. Nesses momentos — que virão —, descanso e me recomponho. Então me levanto outra vez, tiro a poeira da roupa e continuo seguindo em frente no caminho da cura.

É claro que todos precisamos do máximo de empatia possível na vida. Ela é uma qualidade básica ao crescimento, afirma a vida e nos nutre. Espero que você possa priorizá-la, bem como sua própria cura. Quando encontrar obstáculos à empatia, dê uma pausa e seja gentil e paciente com você mesmo. Não se force a nada. Sempre se mostre benevolência. O amor só continua crescendo quando você o abraça e cuida bem dele.

EMPATIA EM AÇÃO

Reconhecendo o Progresso

Hoje e sempre, você pode dizer *Estabeleço minha intenção de curar qualquer coisa que bloqueie o meu reconhecimento de que sou uma pessoa preciosa e empática. Não sou perfeito. Estou gradualmente explorando meus desafios e as áreas em que preciso melhorar e tendo compaixão com eles. A cada novo dia, continuo me curando. Minha empatia está despertando. Sou capaz de reconhecer o progresso que tive até agora.*

PARTE 2

Curando os Relacionamentos

5

A Grande Arte da Escuta Empática

Como Sustentar Espaço e Apoiar os Outros

É UM SENTIMENTO EXTRAORDINARIAMENTE reconfortante e maravilhoso quando alguém realmente nos escuta. Não estamos brigando pela atenção da pessoa, e ela não está querendo argumentar, falando de si ou oferecendo conselhos não requisitados. Está simplesmente marcando presença com generosidade, aceitação e apoio.

A escuta empática é uma abordagem para ajudar a curar os outros por meio da qualidade da nossa presença e atenção. Fornecemos tempo, foco e compaixão a alguém que precisa ser ouvido. Desaceleramos para podermos estar presentes por completo no momento, sem distrações. Nada de ficar checando mensagens, navegando na internet, assistindo à televisão, examinando o cômodo ou falando ao telefone. Ficamos quietos. Ficamos sintonizados. Ficamos presentes.

Vou mostrar como entendemos o que alguém diz — e deixa de dizer —, usando nosso coração e intuição, bem como nossa mente. Não é preciso concordar com o outro nem mesmo gostar dele. Mas a pessoa se sentirá ouvida, e você ganhará uma perspectiva mais realista da história alheia. Realmente entender o ponto de vista de alguém revela novas possibilidades de se relacionar com os outros.

A escuta empática é o segredo para uma comunicação efetiva no trabalho, nos relacionamentos íntimos e em todas as áreas da vida. A *Harvard Business Review* relatou que os melhores ouvintes ajudam a apoiar a autoestima do outro e fazê-lo se sentir mais compreendido.[1] As pessoas, inclusive o companheiro, os amigos e os colegas de trabalho, podem se afastar ou ficarem bravas quando não se sentem ouvidas ou se lhes ditar como devem se sentir. Então se retraem em silêncio ou mesmo desistem de ter um relacionamento próximo e de confiança com você. Não é esse o resultado pretendido. O objetivo é ajudar o outro a se sentir valorizado, especialmente quando vocês estão conversando sobre um conflito. Oprah Winfrey disse "Já falei com quase 30 mil pessoas neste programa, e todas as 30 mil tinham uma coisa em comum: queriam validação. Elas querem saber 'Está me vendo? Está me ouvindo? Será que o que estou falando faz algum sentido para você?'"[2]

Quem são os ouvintes de plantão no nosso mundo? Pais, professores, curadores, mentores espirituais, amigos queridos e familiares. Não vamos esquecer os nossos companheiros de quatro patas que nos amam incondicionalmente e com quem podemos abrir nosso coração se estamos sofrendo ou quando a vida não faz sentido. Minha alma gêmea canina, Pipe, escutou como amiga leal meus trancos e barrancos da faculdade de medicina, bem como os da minha vida amorosa. Os animais podem ser ouvintes extremamente atentos e arrebatados.

Além disso, você talvez queira considerar (ou talvez já saiba) que existem ouvintes fora do nosso plano, aos quais podemos tentar recorrer usando o coração por meio da oração. Pode chamá-los de anjos, forças do amor, ancestrais, Espírito ou Deus. Eles ouvem pacientemente e oferecem alívio se você permitir.

Um dos meus filmes favoritos, *Asas do Desejo*, conta a história de anjos que monitoravam o mundo físico de cima das bibliotecas de Berlim. Eles ouviam tudo o que os outros diziam. Como protetores que se importavam com os humanos, seu trabalho era ouvi-los e lhes oferecer conforto. Você também pode recorrer a esse tipo de ouvintes quando precisar ser confortado.

Este capítulo é destinado a recuperar essa arte da escuta empática — para que ela não se *perca*! Em nosso mundo ultracerebral, que reverencia a tecnologia e respostas na velocidade da luz, precisamos estar cientes às desvantagens de operarmos nessa velocidade. Não surpreende as pesquisas indicarem que mensagens e tempo de tela excessivos podem impactar nossas habilidades de escuta. Quanto mais confiamos nessas tecnologias para substituir a comunicação real, menos escutamos. Nossa capacidade de atenção diminuiu, nossa empatia reduziu e sofremos de sobrecarga de informações.[3] Fiquemos cientes desse risco muito real ao aproveitar os benefícios da tecnologia, mas cuidemos também de fornecer aos outros a qualidade de atenção que necessitam e merecem.

Minha mãe, que abriu seu consultório em 1950 quando a vida era muito mais devagar, ensinou-me sobre a escuta empática. Como uma menininha tímida na década de 1960, eu a acompanhava até os atendimentos domiciliares no seu Cadillac conversível branco. Íamos de carro da Rodeo Drive cheia de palmeiras às montanhas de Bel Air. Sua bolsa preta surrada, estufada de tantos equipamentos — um estetoscópio, um martelo de reflexo e curativos — fascinava-me. Quando ninguém estava olhando, eu brincava com elas no meu quarto e sentia seu poder.

Nos atendimentos domiciliares, eu ficava sentada quietinha no canto e via, admirada, minha mãe fechar os olhos com força, franzir a testa e, por um tempão, auscultar em silêncio o coração e os pulmões do paciente. Às vezes ela escutava as histórias que contavam sobre si, sua família, seus medos e sintomas. Então, ela respondia às suas preocupações. Um dia emocionante, ela até me levou ao hospital para visitar seu paciente — Mick Jagger! —, para quem ela fizera uma sopa de galinha. Minha mãe era meu exemplo. Ela me ensinou tanta coisa sobre ter empatia e ser uma boa médica.

Como psiquiatra, sou uma ouvinte profissional formada, um papel extremamente gratificante para mim. Por mais de trinta anos, afiei essa habilidade empática em meu consultório e oficinas. Sentei-me de frente para os pacientes e os participantes das oficinas, vi-os em seus momentos mais vulneráveis e pungentes, bem como nos momentos de alegria e felicidade, saboreei suas histórias, verdades, lutas e determinação para se curar. Quando estou com um paciente, deixo de lado meu eu pessoal — que inclui meus problemas, chateações e dores —, focando 100% o paciente. Durante essa hora, ele se torna meu universo. Fico presente como se o tempo tivesse parado e só existisse o Agora.

A cura é uma empreitada sagrada. Nunca estou sozinha com o paciente no consultório. Sempre há um ajudante divino, que chamo de poder maior, nessas reuniões sagradas também. Com a ajuda da entidade, posso ser a guia e também a ouvinte desse paciente, mas meu papel não é curá-lo. Quando sofre ou se sente confuso, continuo iluminando o caminho e direcionando. Leva tempo até a dor emocional e física ceder. Fico honrada de estar presente durante seu processo de cura. Manter limites claros sobre meu papel me protege de absorver o estresse do paciente.

A escuta empática é uma prática que pode oferecer cura tanto para o receptor quanto para o falante, mas é imperativo saber nossos limites e discernir quanto tempo e energia escolhemos oferecer. Você pode se perguntar "Como posso escutar o conflito, a dor ou a confusão de alguém sem me sobrecarregar? Por quanto tempo devo ouvir? Como posso aprender a examinar as pessoas intuitivamente para ouvi-las com mais clareza?" Exploraremos todas essas dúvidas de modo que você possa incorporar confortavelmente a escuta empática aos seus relacionamentos.

Preparando-se para a Escuta Empática

A maioria de nós não é treinada para ouvir bem, mas podemos aprender. Ernest Hemingway nos aconselha em *Do Outro Lado do Rio, Entre as Árvores*: "Quando as pessoas falarem, ouça completamente. Não fique pensando no que vai falar a seguir."[4]

Ao começar a praticar a escuta empática, simplesmente ofereça ao destinatário sua presença cheia de apoio e sem julgamentos. Isso honra o seu colega humano que está passando por momentos difíceis ou quer resolver um conflito. Talvez sua esposa não tenha se sentido ouvida na conversa que vocês tiveram sobre a visita dos seus pais ou uma colega de trabalho sinta que suas contribuições no projeto conjunto que vocês estão fazendo não estão sendo valorizadas. Reservar um tempo para ouvir uma pessoa confere a ela espaço para se expressar. Os outros também gostam de compartilhar momentos felizes e sucessos: um pedido de casamento, uma promoção no trabalho, a vista maravilhosa de uma gaivota disparando pelo céu. Ouvir a felicidade de alguém também é um lindo serviço.

A escuta é muito diferente da fala. É um exercício quieto e *não verbal* de cultivar presença e mostrar atenção integral. Isso também é conhecido como "escuta passiva", que é diferente de "escuta ativa", quando você faz perguntas e conversa sobre o que a pessoa compartilhou. (Sou fascinada pelo fato de que, em inglês, as palavras "silêncio" (*silent*) e "ouvir" (*listen*) são formadas pelas mesmas letras, mas em uma ordem diferente! O Lorde Richard Branson, fundador da Virgin Atlantic, disse que o segredo para ser um líder bem-sucedido é "escutar mais do que você fala".[5] É estando presente com o coração aberto e empatia que a verdadeira magia acontece.

Tive a bênção de ter sido escutada dessa maneira profunda quando estava nas encruzilhadas da vida. Durante a década de 1980, conheci meu amigo e mentor Stephan A. Schwartz, um futurista, acadêmico e aventureiro com roupa de safári que dedicou sua carreira à pesquisa de estados mais elevados de consciência. Costumávamos nos encontrar com frequência no mesmo restaurante japonês no centro de Los Angeles, onde ele com gentileza me escutava listar meus medos sobre "sair do armário" em relação a usar a intuição com pacientes. Fiquei preocupada que ela talvez não fosse uma ferramenta confiável e estava extremamente aflita com o que meus colegas de profissão pensariam.

Stephan também me escutou descrever a vergonha que eu sentia na infância quanto aos meus sonhos intuitivos que nunca se realizaram. Os sonhos chateavam tanto meus pais que eles me disseram "Nunca mais fale disso nesta casa!" Por anos, eu sofria em silêncio, pensando se tinha algo de errado comigo. Surpreendentemente, nada disso fez Stephan vacilar ou recuar como achei que faria.

Ficávamos sentados de frente um para o outro na mesa de jantar enquanto eu lhe confessava meus segredos e medos — e ele escutava, uma experiência incrível de cura depois de anos suprimindo minha voz intuitiva. Stephan nunca me interrompia e até tomava notas. Ele me disse: "Judith, quero lembrar tudo para podermos conversar depois. Vou te ensinar como usar sua intuição com seus pacientes e muito mais." Meu coração derreteu. Não consigo me lembrar de ter sentido uma escuta incondicional daquela qualidade.

Podemos oferecer esse nível de presença uns aos outros. O formato de escuta empática é simples: uma pessoa se expressa respeitosamente sobre um único assunto. A outra ouve, mas não interage verbalmente com a partilhante. A conversa é mínima até o fim, apesar de ser bom balançar a cabeça, sorrir com carinho ou dizer algumas palavras como "Entendo" de vez em quando. Então a pessoa sabe que você está ali com ela, e que sua mente não está em outro lugar. Quando a pessoa terminar de compartilhar sua história, se ela pedir um retorno ou apoio da sua parte, tudo bem você oferecê-los, caso se sinta confortável.

Idealmente, vocês podem decidir a melhor hora e lugar para se encontrarem quando ambos estiverem disponíveis. No entanto, se for uma crise que precisa ser resolvida com urgência, como uma questão médica ou um término, nem sempre é possível esperar. Então você precisará determinar se tem alguns minutos para se conectar imediatamente com a pessoa — para que possa começar a escutá-la. Mais tarde, vocês podem se encontrar novamente quando ambos estiverem livres. Mas para ficar claro: não se trata de uma sessão de terapia ou de uma chance de criticar a situação ou expressar onde outra pessoa da história errou. Primeiramente, é um exercício de escuta pura na forma de uma doação saudável.

Para criar a postura correta antes e durante a sessão, tente os seguintes princípios gerais.

Observe o que Fazer e o que Não Fazer na Escuta Empática

O que Fazer

- Criar um espaço seguro para a pessoa se expressar. Trata-se de uma atmosfera privada em que ela se sinta confortável para se expressar sem ser julgada ou interrogada.
- Escutar mais, falar menos ou ficar quieto.
- Ser tolerante.
- Usar um tom de voz gentil.
- Escutar com amor e aceitação.

- Mostrar carinho e interesse.
- Fazer contato visual com gentileza.

O que Não Fazer

- Tentar resolver ou curar a dor da pessoa.
- Virar a conversa para você, compartilhando experiências parecidas ou piores que teve ou de que ouviu falar.
- Oferecer conselhos sobre soluções possíveis que funcionaram para você, mesmo a pessoa não tendo pedido, ou lhe dizer o que fazer.
- Interromper, interpor seus pensamentos, terminar as frases da pessoa ou falar por cima dela.
- Corrigir a pessoa sobre o que ou como ela falou.
- Julgar, rotular ou minimizar a situação.
- Desviar o olhar, bocejar, checar o celular ou parecer entediado.

De todos os "O Que Não Fazer", o que mais parece irritar é mudar o foco da conversa para si mesmo (o ouvinte) ao voluntariar informações demais sobre experiências parecidas que você ou outra pessoa teve, como: "Se acha isso ruim, escuta só o que aconteceu com a Jane!"

Quando você se identifica com a experiência de um amigo, é tentador querer compartilhar a sua também para ajudá-lo. No entanto, durante esse exercício não é o momento apropriado para fazer isso. Você pode dizer "Entendo como se sente. Aconteceu uma coisa parecida comigo" e parar por aí. Mais tarde, quando for a hora de responder com mais detalhes, você pode perguntar "Ajudaria se eu compartilhasse uma experiência parecida?" e reagir dependendo do que a pessoa responder.

Durante a escuta empática, você pausa os próprios pensamentos de modo a estar presente com a energia e as palavras do outro. Faça seu mundo girar em torno dele para poder honrá-lo apropriadamente durante um momento de necessidade.

Dez Passos para a Escuta Empática

Sustentar espaço é uma prática da escuta empática em que você fornece uma presença de sinceridade, apoio e calma, mas não tenta resolver os problemas do outro nem remover seu sofrimento. No entanto, em todas as situações, o dom da empatia é deixar você contornar seu ego e julgamento, escutando compassivamente as perspectivas e os sentimentos alheios.

Especialmente se o partilhante está tendo um conflito pessoal com você, as regras básicas incluem não culpar, envergonhar, violentar ou atacá-lo. Dados esses limites, mantenha-se aberto a sustentar espaço para ele, um caso que trata mais de "ser" que de "fazer". Sua postura pode fazer toda a diferença. Você escuta principalmente com a intenção de entender, não necessariamente de responder. Praticar os dez passos descritos nas sessões a seguir fornece uma visão geral que pode guiá-lo em muitas circunstâncias quando se trata de sustentar espaço.[6]

Passo 1. Mantenha-se Neutro, Seja Testemunha

Como ouvinte, você é testemunha do sofrimento, confusão (ou alegrias!) alheios em vez de ser alguém que se envolve demais ou precisa intervir. Você é atencioso enquanto oferece alguns sorrisos, acenos ou palavras de apoio. Escuta o outro para empatizar com ele, não para reagir ou tentar corrigir a situação. Um participante de uma das oficinas me disse "Não quero uma solução. Só quero ser ouvido. Normalmente, consigo resolver as coisas sozinho. O que mais preciso é ser encorajado de que vai ficar tudo bem e saber que tenho um amigo comigo."

Como testemunha, você é um observador, percebendo a linguagem corporal, o tom de voz, as emoções, a energia e os objetivos da pessoa para "vê-la" e empatizar com sua situação. Manter um foco compassivo é, em si, um ato de cura.

Passo 2. Cultive a Aceitação

Tente ser tolerante com ideias que possam ser diferentes das suas e a que você não tenha sido exposto antes ou com raciocínios que o deixem desconfortável. Se um amigo diz "Não vou parar de fumar mesmo estando com uma tosse feia" ou "Posso continuar odiando meu chefe se eu quiser", apenas escute. Não precisa concordar com seu amigo ou aprovar seu posicionamento. Às vezes, você pode aprender algo novo sobre tradições ou crenças diferentes. Outras, você simplesmente fica reunindo informações e mostrando empatia ao sofrimento dele, o qual pode se manifestar como teimosia ou decisões destrutivas.

Ouvir nada mais é do que isto: ouvir. Você está descobrindo a história da perspectiva da pessoa. Seja paciente e procure não reagir o máximo possível. Não hiperfoque quaisquer comentários que o irritem. Respire fundo e deixe para lá. Internamente, você pode pensar "Essa pessoa está toda errada!" Ainda assim, continue voltando ao seu coração.

Uma boa política geral é não julgar *ninguém* até se colocar no lugar dele. Não estou dizendo para aceitar abusos ou violências, mas ouvir pode ajudar você a decidir de maneira informada como ou se você é capaz de mostrar apoio ao outro. Isso pode significar sugerir que ele busque ajuda profissional. Todos somos imperfeitos e, em geral, fazemos o nosso melhor. Ainda assim, algumas pessoas têm limitações emocionais tão severas que seu "melhor" não é tão bom assim. No mínimo, é possível buscar sentir empatia (não perdoar) o que acabou fazendo o coração do outro se fechar ou contribuiu para sua falta de consciência, mesmo quando você não conhece os detalhes. Se a pessoa compartilha sua história respeitosamente, deixe-a expressar sua perspectiva como parte desse exercício de escuta.

A aceitação é uma ferramenta de escuta empática poderosa. Uma amiga minha é uma psicoterapeuta que acabou de completar o doutorado em medicina funcional. Ela queria aprender mais para poder usar as informações em seu consultório, bem como para ajudar a curar a própria enxaqueca. Minha amiga disse: "Alguns dos meus colegas de doutorado aceitaram completamente o meu processo de cura, mais do que a minha família, que não empatizava tanto com isso e pensava que eu precisava 'ser mais casca grossa e me curar mais rápido'. Por outro lado, meus amigos me ouviram de jeitos que ninguém nunca tinha feito. Eles me ouviram e ofereceram muito encorajamento. Isso me ajudou a curar minha dor, ainda mais do que as novas informações acadêmicas interessantes que estava aprendendo".

Quando ouvir alguém empaticamente, nunca subestime o poder de cura de se sentir aceito. O psiquiatra Karl Menninger diz: "A escuta é uma coisa magnética e estranha, uma força criativa. Os amigos que nos escutam são aqueles de que nos aproximamos. Quando somos ouvidos, isso nos cria, nos faz desdobrar e expandir."[7] Enquanto estiver sustentando espaço para os outros, mantenha em mente a influência terapêutica que você pode ter.

Passo 3. Estabeleça um Período, um Lugar e um Limite de Tempo

Mantenha em mente que você não precisa ouvir todos que estão precisando ser ouvidos, como muitas pessoas gentis costumam fazer. Escolha quem e por quanto tempo ouvirá (digamos quinze minutos ou o que parecer certo para você), decida quando e onde encontrar a pessoa. Escolha um lugar privado em que não sejam incomodados. Já que uma troca sem limites pode ser longa e exaustiva demais, o ideal é definir um limite de duração. Se a pessoa quiser um retorno no final da sessão, você pode passar mais cinco minutos com ela. (Lembre-se de que esse exercício específico trata mais de ouvir do que reagir.)

A conversa pode acontecer da seguinte forma:

Partilhante: “Quero falar com você sobre uma discussão dolorosa que tive com um amigo.”

Ouvinte: “Ok, vamos combinar de um jeito que fique bom para nós dois. Que tal conversarmos mais tarde às 16h no meu escritório por 20 minutos?”

Partilhante: “Está ótimo.”

Ouvinte: “Você quer um retorno ou fico só ouvindo?”

Uma vez decidido isso, uma estrutura foi estabelecida. Garanta que você esteja descansado, alimentado e que não fique pensando em outros compromissos para poder estar no seu melhor momento. Essa estrutura permite que ambos se centrem mais do que em um encontro espontâneo, apesar de também ser possível aplicar a escuta empática nessa situação.

Passo 4. Escolha um Único Tópico

Escolher apenas um tópico mantém o foco. Se o partilhante tentar trazer uma lista de problemas, a sessão pode ser improdutiva e sobrecarregar vocês dois. Se ele passar de “Sinto que minha irmã não me valoriza” para “Minha mãe está com uma gripe feia” e “Estou com raiva do meu supervisor”, são muitas informações para uma única sessão de escuta. Se o partilhante desviar para outros tópicos, simplesmente sorria e lembre-o com gentileza: “Por favor, fique em um tópico só.” Esse foco singular renderá os melhores resultados.

Passo 5. Crie um Espaço Seguro

Quando a troca começar, mostre positividade incondicional à pessoa que você está ouvindo para que ela se sinta confortável o suficiente para se expressar. Ajude o partilhante a se sentir valorizado e respeitado, uma experiência rara, mas almejada, para muitas pessoas. Temporariamente, deixe de lado seus problemas e distrações. Mantenha o foco na sua respiração para se centrar e relaxar. Sua presença gentil ajudará o partilhante a se sentir seguro.

Passo 6. Preste Atenção à Linguagem Corporal da Pessoa

Enquanto escuta, treine-se para ouvir o que a pessoa diz e não diz ao observar a linguagem corporal e escutar seu tom de voz. Aqui vão alguns exemplos:

- Cruzar os braços ou as pernas indica defensividade ou vigilância.
- Encolher-se no assento é um possível sinal de baixa autoestima ou fadiga.
- Uma postura ereta normalmente significa confiança e energia.
- Falar alto às vezes pode ser uma tentativa de dominação e controle.
- Falar em um tom de voz suave pode indicar equilíbrio e geralmente paz.
- Falar tão rápido que o ouvinte mal consegue processar as palavras é um sinal de nervosismo, tensão ou pressão.
- Comunicar-se com um sussurro tímido ou tom de voz monótono pode indicar medo de expressar sentimentos.

Passo 7. Ouça Sua Intuição

Ouvir sua intuição pode ajudá-lo a determinar o estado da pessoa. É um jeito não verbal de empatizar e entender alguém. Sintonize-se com ela ao se perguntar: *O que minha intuição me diz sobre essa pessoa? Sinto borboletas no estômago ou ele está embrulhado?* Se for o caso, você provavelmente está sentindo o desconforto alheio no próprio corpo. Caso se sinta relaxado, é um sinal de que a pessoa também está. Além disso, perceba a energia sutil. A pessoa transmite uma sensação de conforto? Raiva? Tristeza? Medo? Você se sente edificado ou esgotado enquanto escuta? Isso também pode refletir o efeito da pessoa nos outros. As palavras dela combinam com sua energia? Se não, isso pode indicar uma desconexão com seus verdadeiros objetivos ou sentimentos. Atente-se também aos "saberes" ou imagens que você receber, como um lampejo de solidão ou uma imagem de uma montanha que o outro pode estar querendo visitar. Essas intuições ajudam a entender melhor a experiência dele.

Passo 8. Pratique a Desvinculação com Amor

Desvincular-se com amor significa impor um limite gentil ao estabelecer uma distância emocional, energética e física saudável. É uma ponte, não um muro. Não é se isolar ou não sentir. Na verdade, você recua um passo só para não se identificar demais com as dificuldades alheias. Quando o outro compartilha sua angústia sobre uma doença ou a exaustão do trabalho, você não ingerirá o estresse alheio como se fosse seu.

> Ao se desvincular com amor, você se importa com alguém sem se identificar demais com suas dificuldades. Afirme internamente: "Sou outra pessoa. Essa é a experiência do outro, não a minha."

Essa habilidade fica mais fácil com a prática. Se o partilhante está triste, com raiva ou frustrado, continue se desvinculando com amor. Para criar uma distância emocional ótima, talvez você prefira se sentar a alguns centímetros de distância dele ou se comunicar por telefone ou pelo Zoom. Pessoalmente ou online, também ajuda fechar os olhos por um momento e visualizar a pessoa sentada no meio de um círculo e você fora dele. Ambas as estratégias o ajudam a observar as dores ou frustrações do outro sem se tornar ele.

Às vezes, escutar pode ser emocionalmente intenso se alguém chora ou fica visivelmente ansioso. Emoções fortes podem sobrecarregar você se preferir a lógica da empatia cognitiva ou estiver propenso a uma sobrecarga sensorial. Também é bom lembrar que as qualidades alheias que mais o perturbam costumam ser traços seus que ainda não foram curados, e se desvincular deles pode ser mais difícil que de outros. Mas se você começar a assumir as emoções alheias, use estratégias de proteção no próximo passo para o ajudar a se desvincular delas também.

Passo 9. Faça Uso das Técnicas de Proteção Respiração Consciente e Blindagem

Enquanto sustenta o espaço, fique atento à sua respiração. Como muitos de nós, você talvez não respire fundo ou tensione seu corpo quando está estressado ou sobrecarregado. Então continue expirando qualquer desconforto, raiva, medo, ansiedade ou outras emoções que possa estar sentindo ou que tenha assumido do partilhante. Isso o ajudará a permanecer centrado e relaxado enquanto ouve, mesmo se as emoções ficarem fortes demais.

Além disso, para se proteger, você pode visualizar uma bolha de luz dourada ao redor do seu corpo, estendendo-se para alguns centímetros além dele. Imagine-a como um escudo para evitar o estresse e protegê-lo da hiperestimulação, mas sem comprometer as partes da troca que aquecem o coração e fornecem novas perspectivas. (Você encontra mais técnicas de proteção no *The Empath's Survival Guide*.)

A blindagem não bloqueia sua conexão com o outro. Ela simplesmente previne que o desconfortável ou o que o sobrecarrega limite sua capacidade de estar presente.

Passo 10. Dê um Fim na Conversa

Quando o tempo combinado estiver acabando, você pode lembrar o partilhante gentilmente: "Temos só mais cinco minutos". Isso o deixa amarrar as pontas soltas de seus pensamentos e emoções e começar a concluir a interação. É melhor seguir o combinado do que passar do tempo. Se quiser continuar em outro momento, vocês dois podem decidir isso depois. Por ora, esse formato permite uma comunicação clara e uma conclusão saudável.

O Retorno É Opcional

Terminada a troca, pergunte à pessoa se ela quer sua opinião (nem todo mundo quer). Se ela quiser, dê um retorno curto e específico em alguns minutos, como: "Parece que você tomou uma ótima decisão". Uma barreira para a empatia é se cobrar para dizer a coisa certa. Não se cobre assim. A empatia pode significar simplesmente reconhecer os sentimentos alheios ou se disponibilizar para entendê-los. Já que muitas pessoas estão acostumadas a serem julgadas, criticadas ou a receberem instruções do que fazer, sua intenção gentil será valorizada.

Nesse exercício de escuta, dizer menos é mais. (Abordaremos as respostas mais longas no próximo capítulo.) Oferecer algumas poucas palavras gentis e de apoio já basta, como: "Obrigado por confiar em mim o bastante para compartilhar sua experiência" ou "Imagino como deve ter sido difícil para você". Também é possível perguntar: "Deixa só eu ver se entendi direito. Você está dizendo que..." assim vocês podem confirmar que estão alinhados. Se precisar de mais tempo para pensar no que foi dito, não tem problema dizer: "Vou pensar um pouco. Logo dou um retorno". Nunca tente forçar nada.

Além disso, você também pode apresentar uma interpretação concisa da situação se o partilhante pedir. Normalmente as pessoas perguntam algo do tipo "Como lido com isso?" Por exemplo: "Como lido com as críticas frequentes do meu sogro? Tentei conversar, mas ele se recusa a mudar". Primeiro, sempre reconheça os sentimentos do partilhante. Depois, ofereça uma afirmação empática. Nesse caso, você poderia dizer: "Sei que ser criticado é horrível, mas talvez não seja realista esperar que seu sogro mude tanto se ele é tão rígido. Já é difícil mudar quando a pessoa quer". Pare por aí. Não seja arrastado para a dor do seu amigo. Nessa situação, respeitar esse limite aumentará a comunicação saudável.

Aprender a bela arte da escuta empática e da sustentação de espaço lhe oferecerá uma abordagem mais gentil para várias pessoas. Continue praticando e experienciando os benefícios. Lembre-se de que o importante é curar. Você está gerando cuidado por meio da qualidade da sua atenção. Ser amoroso vem em muitas formas; essa é uma delas. Enquanto escuta, mantenha esse amor em mente. Simplesmente deixe-o fluir. Suas intenções puras transmitirão o dom de cura da empatia.

Fico emocionada com esta passagem do livro *Call Me by My True Names,* de Thich Nhat Hanhabout, sobre nosso desejo profundo de sermos ouvidos.

Preciso que você me escute.
Ninguém me escuta,
nem mesmo os que dizem me amar.[8]

Nunca perdi de vista o milagre que é ouvir e se comunicar bem uns com os outros. Biologicamente, nossa espécie evoluiu ao ponto de as conquistas da empatia serem possíveis ao aprendermos certas habilidades de escuta. Assim como ouvimos os pássaros, o vento, o oceano e o Divino, podemos ouvir uns aos outros. Posso me sintonizar com você e vice-versa. Então, vamos ouvir com nossos ouvidos e corações nessa jornada de evolução como humanos empáticos.

EMPATIA EM AÇÃO

Sustente Espaço

Ouça as dificuldades ou as conquistas de alguém hoje. Relaxe. Vá com calma. Aquiete sua mente. Esteja totalmente presente. Não se envolva demais nem tente resolver os problemas alheios. Simplesmente reserve um tempo de qualidade para ouvir sua experiência. Você é neutro. Você é uma testemunha. Não vai julgar o outro ou fazer comentários "construtivos". Você está estendendo sua aura de amor para que o outro possa simplesmente existir. Sustentar espaço pode ser um ato de cura para você e para ele.

6

Praticando a Empatia com Familiares, Amigos e Colegas de Trabalho

(Mesmo Se Não Gostar Deles)

É HUMANO ANSIAR POR CONEXÕES, reconhecimento e pertencimento.

Talvez você almeje ter um único amigo de confiança que possa ser seu confidente ou um amado que abrace você. Pode desejar que seus irmãos parem de brigar para sua família ficar inteira. Ou quer que seus colegas de equipe no trabalho simplesmente respeitem as opiniões uns dos outros. Identificar a mudança desejada é o primeiro passo. Mas para criar relacionamentos mais felizes e curar conflitos com as pessoas ao longo do tempo, a empatia é crucial.

Expressá-la nas atividades diárias e no trabalho pode ser algo mágico e que cura. É uma forma de relação que você pode estabelecer com as pessoas que ama e com aquelas de quem nem mesmo goste.

O dom da empatia é que ela o deixa manter o coração aberto e subsistir as crises inevitáveis de um relacionamento. Pode suavizar os obstáculos mais afiados e as pessoas mais babacas. Também vai resgatá-lo quando estiver prestes a agir de forma lamentável.

Veja o exemplo da minha paciente Kelly. Quando começamos nossa sessão de terapia de casal, ela estava pronta para brigar com o marido, Peter. Começou a repreendê-lo: "Você me magoou... de novo. Quando falei do meu problema no trabalho, você falou por cima e me cortou, como sempre. Me senti desrespeitada. Pedi várias vezes para você me escutar e me deixar terminar de falar". Quando Kelly se sente magoada ou ignorada, ela ataca e aliena Peter. Minha paciente estava com tudo para fazê-lo mais uma vez.

Há algum tempo, o casal procurara minha ajuda porque estavam se afastando depois de dez anos casados. Queriam reavivar seu amor, mas sempre acabavam culpando um ao outro. Nenhum dos dois se sentia valorizado.

Mas, dessa vez, a interação foi diferente. Quando Kelly trouxe a questão do trabalho, Peter tentou escutá-la e responder com sensibilidade, uma habilidade que tínhamos abordado, mas que ele resistira. Em vez de interromper a esposa, Peter a escutou e depois, com um tom de voz tranquilizador, disse: "Kelly, parece uma situação difícil. Como posso te apoiar?" Ao tentar honrar as necessidades da esposa, ele a desarmou. Não havia ninguém para brigar ou culpar.

Por que Peter conseguiu fazer essa mudança agora? Em nossas sessões individuais, ele percebera que a interrompia quando ficava ansioso. Admitiu: "Não suporto ver minha esposa sofrer. Só quero sumir com o problema, mas não sei como fazer isso". Sem perceber, o sofrimento da esposa acionara a mesma impotência que ele experienciara ao ver a depressão crônica do pai. Sem saber, Peter interrompia a esposa para afastar aquelas memórias excruciantes de sua infância. Uma vez que reconheceu a ligação, ele conseguiu começar a ouvir a esposa do jeito que ela precisava ser ouvida.

A grande epifania de Kelly foi entender, pela primeira vez, que a ansiedade de Peter e sua tendência a evitar a dor passava longe de ser rude ou indiferente. Estando ciente disso, ela sentia mais compaixão por ele.

A empatia ajudou o casal a suavizar seus comportamentos defensivos e se ver com mais amor. Suas descobertas e empatia crescente criaram novas maneiras de curar como se comunicavam e amavam.

Reimaginando a Empatia nos Relacionamentos: Reparo e Ruptura

Você pode escolher como abordar as pessoas. Nesse cantinho do espaço em que os humanos vivem, os relacionamentos são centrais para o bem-estar, mas também são eles que lhes apresentam os maiores desafios. Mesmo não gostando da personalidade de alguém ou vendo um conflito entre seus valores e os alheios, ainda é possível tratar o próximo com um namastê básico para comunicar o sentimento de *Apesar das nossas diferenças, respeito o espírito em você.*

Por que mostrar empatia é tão importante? Porque queremos relacionamentos felizes ou, ao menos, respeitosos. Porque escolhemos compaixão e tolerância em vez de drama, ego ou ressentimento. Porque queremos entender as pessoas com quem nos importamos para não as machucarmos, alienarmos ou perdermos.

O papel da empatia é alimentar e reparar relacionamentos em vez de rompê-los. É fácil, fácil danificar uma amizade ou um casamento. É só parar de ouvir e de tentar empatizar com o outro ou continuar discutindo, atacando e envergonhando-o — cedo ou tarde, o relacionamento ou terminará ou se transformará em um relacionamento cármico, que se baseia em um machucar o outro. Cuidar das pessoas queridas da vida é como cuidar de um jardim. É preciso manter a saúde de cada relacionamento com esse cuidado básico. Encontrar empatia traz a cura para os relacionamentos e ajuda a consertar a mágoa que se possa ter causado um ao outro.

Largue suas armas emocionais e passe a ver com o coração.

Ao considerar uma abordagem geral para relacionamentos, deixe clara sua intenção. Como eu, você pode começar fazendo o seguinte voto de empatia (ou criando o seu):

Faça o Voto de Empatia

Tentarei encontrar empatia mesmo em circunstâncias difíceis e quando estiver chateado. Não transformarei pessoas queridas no inimigo.

Que esse voto simples possa dar o tom para ouvir e responder aos outros. Ele nos ajuda a parar de demonizar as pessoas queridas por sermos prisioneiros de padrões emocionais nocivos. Por exemplo, acusar o nosso companheiro de "não se importar" quando, na verdade, ele só está cansado, ou presumir que uma amiga próxima está nos rejeitando porque ela está trancada no escritório há dias terminando um projeto. Imaginamos o pior em vez de enxergar a realidade.

Para manter relacionamentos saudáveis, é preciso entender as verdadeiras intenções do outro em vez de projetar nossos medos nele. Também pode ser apropriado achar um meio-termo ou estabelecer um limite saudável para comportamentos inaceitáveis. Se houver algum comportamento abusivo emocional ou fisicamente que a pessoa não vai mudar, talvez você decida cortar relações. Não fique esperando ela mudar em um relacionamento abusivo se não houver evidência de que isso vai acontecer, ainda que ela faça promessas vazias. Mesmo se alguém está mudando gradualmente, ainda assim não há problema em terminar ou fazer uma pausa até que um progresso mais significativo e duradouro seja feito. Essa atitude compassiva e lúcida, mas também firme, pode fortalecer interações de cuidado e estabelecer limites para comunicações não saudáveis.

Diretrizes para Respostas Empáticas

Enquanto exploramos várias respostas empáticas para combinar com as habilidades de escuta abordadas no Capítulo 5, esteja ciente de que afetamos o bem-estar uns dos outros diretamente. Essa curiosa forma de sintonia empática é chamada "corregulação emocional". Ela existe porque as emoções e os sinais neurológicos se transmitem de uma pessoa para a outra, especialmente se elas se amarem. O sistema nervoso das duas interagem entre si para manter o equilíbrio emocional, a felicidade e a saúde mútuos. A empatia ajuda a corregular os relacionamentos ao melhorar a comunicação, de modo que as pessoas fiquem na mesma sintonia.

Qual a diferença entre ouvir e responder? A escuta empática é basicamente um ato não verbal de positividade incondicional. Uma resposta empática é a chance de comentar ou guiar alguém ou lhe dar um retorno sobre sua situação. A resposta pode variar de simplesmente dizer "Entendo" a fazer um *brainstorming* de soluções.

Os Três As da Empatia

Atitude. É amável reconhecer: "Entendo que você esteja frustrado e chateado".

Atenção. Ofereça sua atenção por inteiro e diga: "Me conta o que está acontecendo".

Ajuste. Tranquilize o outro e diga: "Não se preocupe. Vamos resolver esse problema juntos".

Como parte de mostrar empatia, é importante desenvolver uma política geral para responder outros que queiram receber apoio ou resolver conflitos. Além dos três As da empatia, utilize as seguintes diretrizes para se manter amável e centrado.

1. Responda, Não Reaja ou Ataque

Talvez essa prática empática contrarie o seu instinto reacionário de simplesmente explodir, acusar ou julgar alguém. O dom de não surtar é poupar a si mesmo e aos outros de uma explosão emocional nociva.

Mesmo se não puder controlar o primeiro pensamento que lhe vem à mente, você é capaz de controlar o segundo. Por exemplo, quando estiver respondendo a um parente que diz "Você que causou todos os problemas na nossa família", seus neuroquímicos entram no modo lutar, fugir ou congelar. Aqui vai uma alternativa para contrapor o surto de adrenalina correndo pelas suas veias.

- **Converse positivamente com você mesmo.** Diga-se o seguinte: *Eu consigo lidar com isso. Não tenho que responder a essa pessoa com raiva e culpa.*
- **Respire fundo algumas vezes.** Inspirar e expirar devagar o ajuda a se centrar e a liberar o estresse.
- **Segure uma "worry stone".** São cristais ovais e polidos com um desnível do tamanho do polegar, usados para promover o relaxamento e o alívio da ansiedade. Esfregá-las em uma situação estressante pode ser tranquilizador.
- **Pratique a pausa sagrada.** Conte até dez ou faça uma pausa. Não envie e-mails ou mensagens nem faça ligações até ficar menos chateado. Às vezes, para quebrar o ciclo do "reagir e atacar", fique longe da pessoa até ambos se acalmarem.

Como muita gente, talvez você ataque instintivamente os outros quando é engatilhado. Seu temperamento vai de oito a oitenta em um piscar de olhos. Está machucado. Furioso. Mas se sua intenção for curar um conflito, não fique preso no padrão *Você me machucou, então vou revidar e me defender.* Em vez disso, simplesmente reconhecer "Entendo" vai lhe conferir uma chance melhor de alcançar a pessoa, minimizar o drama e fazer com que suas necessidades sejam atendidas.

2. Desenvolva um Discurso Consciente

Traga consciência às suas palavras. No antigo taoísmo, existe um sábio do discurso verdadeiro, Chunn ti doo yan, em quem podemos nos inspirar para que nossas palavras curem, e não machuquem.

De modo similar, seu discurso tem poder, então é importante tomar cuidado com o seu jeito de se comunicar com os outros. Reconheça as forças e alegrias de alguém e considere suas dificuldades. Procure o que está certo, não apenas o que está errado. Sempre se expresse utilizando frases na primeira pessoa em vez de culpar, envergonhar ou controlar os outros usando frases na segunda pessoa, como "Você que me fez agir assim". Evite oferecer conselhos não solicitados ou discutir. Não explique demais seu posicionamento ou centre a discussão em você. Caso se sinta cansado ou estressado, o mais sábio a se fazer é esperar para entrar em conflito quando você estiver mais centrado.

Os exemplos a seguir mostram respostas empáticas que você pode praticar.

O que Dizer

- Deve ter sido difícil. Sei que está dando o seu melhor em uma situação complicada.
- Fico feliz por você.
- Imagino quanta coragem precisou para você fazer isso.
- Você está no meu coração.
- Sinto muito pela sua perda.

O que Não Dizer

- Qual o seu problema? Não tem mais ninguém sentindo isso.
- Não tenho tempo para essa baboseira. Por que você fez isso, caramba?
- Acha que isso foi ruim? Olha o que aconteceu comigo...
- Você vai ficar bem. Larga de drama.
- Por que você não faz que nem o seu irmão e vira homem?

3. Use um Tom de Voz Calmo e Empático

As palavras e o tom de voz podem ser pacíficos ou podem ser usados como arma. Se um amigo lhe confessa "Torrei meu salário de novo em roupas caras", você pode responder: "Que chato. Não sabia que gostava tanto de fazer compras". Internamente, você pode pensar "Parece que alguém tem um problema de consumismo...", mas não aposte nessa a não ser que tenha certeza de que a pessoa aguenta uma opinião tão direta. Ao responder em um tom amável, até curioso, seu amigo não se sentirá julgado, e é mais provável que ele se abra com você. Mas, se seu tom for de desaprovação, a pessoa provavelmente vai embora se sentindo mal.

Ao impor limites, mantenha a voz gentil, mas firme. Se um amigo quer mais do que você pode oferecer, tudo bem impor um limite claro ao dizer "Adoraria ir tomar um chá por uma hora". Ou pode recusar com gentileza, dizendo "Sinto muito que você esteja passando por um período tão pesado. Também estou passando muito estresse. Podemos conversar semana que vem?" Seu tom de voz faz uma diferença enorme na recepção do limite. Você pode dizer "não" positivamente quando responde com empatia. Pratique dominar seu tom de voz com pessoas mais tranquilas e vá avançando até relacionamentos mais complicados. Não comece pela sua mãe!

4. Faça um Contato Visual Confortável

Os olhos são a janela da alma. Preste atenção em como você se conecta com os olhos dos outros.

Descobri que muitas pessoas preferem contato visual contínuo durante uma conversa. É um jeito de se conectar. Um paciente me disse "Isso me centra e me faz sentir valorizado". Meu parceiro, que não se sentia ouvido na infância, prefere que eu mantenha contato visual com ele quando estiver compartilhando seus sentimentos ou quando estivermos conversando sobre um conflito. Como empata, essa nem sempre é uma tendência natural para mim. Muitas vezes, foco mais profundamente por alguns minutos com os olhos fechados, um hábito que desenvolvi ao escutar meus pacientes. Além disso, quando era pequena, muitos adultos brigavam comigo, dizendo "Olhe para mim quando estiver falando comigo, mocinha!" Esse pedido fazia eu me sentir humilhada e com raiva. Eu me rebelava fechando a cara e me recusando a cooperar no geral.

Em vista disso, meu companheiro e eu chegamos a um meio-termo. No mínimo, faço contato visual gentil e amavelmente nos primeiros minutos da conversa quando ele compartilha seus sentimentos e quando respondo. Depois improviso. Isso tem funcionado para nós.

Outras pessoas podem se sentir sobrecarregadas ao manter contato visual. Já que muitos indivíduos extremamente sensíveis conseguem sentir a energia sutil alheia, sua conexão não é somente visual. Um paciente me disse: "Fica difícil manter contato visual quando começo a sentir a energia com muita intensidade. Preciso desviar o olhar". Outro disse: "Quando as pessoas estão compartilhando questões muito profundas e pessoais comigo, posso desviar o olhar em respeito e porque estou pensando e matutando".

Nossas preferências em relação ao contato visual podem ser muito pessoais e estar ligadas a vários estados cognitivos e sensoriais. Se estamos nos comunicando com portadores do TEA, eles costumam evitar o olho no olho e o toque. Já para aqueles que têm TDAH, pode ser difícil manter o contato visual porque se sentem distraídos. Não é necessariamente um sinal de que não estão nos escutando.

O contato visual tem muitas nuances. Também pode mudar no caso de uma interação com várias pessoas. Em situações confortáveis, tudo bem expressarmos nossas preferências em relação ao olho no olho, especialmente se elas não corresponderem às alheias. Muitas culturas têm expectativas variadas quanto ao contato visual. É só perguntar que forma dele o outro prefere.

5. Siga a Regra do "Sem Conserto"

Se você costuma abrir seu coração, pessoas queridas, colegas de trabalho ou mesmo estranhos gravitarão ao seu redor para compartilhar suas histórias de vida e seus problemas. Você quer ajudá-los. Na verdade, como muitos de nós, talvez tenha sido criado acreditando que ser compassivo significa absorver a dor alheia. Isso não é verdade. Uma resposta empática saudável é permitir ao outro a dignidade de ter o próprio caminho. Não é seu trabalho consertá-lo nem é falta de educação deixá-lo aprender e crescer no próprio ritmo.

Você pode oferecer apoio e conselhos, mas o outro é responsável pela própria cura.

Às vezes, a melhor resposta empática é confiar em alguém. Dizer a um parente ou amigo: "Sei que você consegue cuidar disso" comunica melhor um "Acredito em você" sem passar o recado de que precisamos intervir porque o outro é incapaz de resolver o problema. Quando tentamos salvar o próximo, arriscamos criar uma dependência nada saudável e privá-los da chance de encontrar a própria força.

Lembre-se de que a ternura é uma expressão da empatia. Nunca se sabe as dificuldades pelas quais o outro está passando. Se você estiver a fim de sair espalhando pó de pirlimpimpim para criar amor, não ódio, como na oração de São Francisco, pode deixar seu recado com ternura, como sugere a música *Try a little tenderness*, de Otis Redding. Poder tratar os outros com ternura já é motivo suficiente para colocá-la em prática.

Como a Empatia Cura Família e Amigos

Dar o exemplo da empatia é importante na família. Passa o seguinte recado: "Sou assim, e é assim que trato os outros". Bebês e crianças parecem muito com filhotinhos que imitam e espelham os pais em um poderoso processo bioquímico, psicológico e energético de criação de vínculo que pode começar durante o desenvolvimento fetal. Se você puder dar o exemplo da empatia, seus filhos e outros familiares registram esse comportamento e podem escolher começar a praticá-la também.

Pedro, um membro da minha Comunidade de Apoio aos Empatas (Empath Support Community) no Facebook, compartilhou o papel de seu pai como exemplo de empatia em sua vida. Ele disse: "Em Portugal, meu pai se voluntariou como motorista do corpo de bombeiros e trabalhou lá por muitos anos. Sempre tínhamos uma ambulância estacionada na nossa casa, o que trazia uma sensação boa. Meus pais acreditavam no voluntariado, um valor que também me ensinaram".

No entanto, se os pais derem exemplo de raiva, medo ou ansiedade às crianças, especialmente àquelas de natureza sensível, elas também imitarão essas emoções. Filhos criados em um lar onde os pais viviam dando bronca ou brigando podem repetir esse padrão nas próprias famílias. Ainda assim, não é preciso vir de um meio alcoólatra ou abusivo para sofrer o trauma de ser criado no que chamo de "lar com deficiência de empatia". Mesmo incidentes "pequenos" na família podem nos impactar também.

Meus pais, médicos, eram extremamente empáticos com os pacientes e, na maioria das vezes, consigo e comigo. Mas tinham o hábito de se provocar com um tom crítico e impaciente. Para o meu azar, isso normalmente começava no carro. Eu me sentia presa no banco de trás enquanto eles se bicavam. Minha mãe alfinetava: "Teddy, está dirigindo muito rápido!" ou "Vira à esquerda, vira à direita". O pior era quando ela começava a expressar a lista de coisas que a incomodavam, como: "Você assiste à TV demais. E nunca me ouve".

Meu pai, normalmente comedido, respondia ainda mais alto: "Maxine, você só sabe reclamar. Sai do meu pé!"

Eu costumava me imaginar pulando do carro em um sinal vermelho para andar tranquila até nosso destino. Mas nunca fiz isso. Toda vez, só ficava lá sentada, encolhida. Isso deixou meu eu sensível com um medo de ficar presa e sobrecarregada em relacionamentos em que parece não haver saída. Foi um tema que venho tentando curar ao me expressar e impor limites nos relacionamentos, uma parte libertadora do meu crescimento emocional.

Recentemente, tive um sonho em que o falecido pai do meu companheiro, que nunca tive o prazer de conhecer, disse-me: "Fico tão feliz que vocês dois estavam dispostos a se tornar humildes". Apesar de nunca ter pensado na humildade desse jeito, adorei a mensagem do seu pai, porque achar um meio-termo e nos manter abertos às necessidades um do outro são maneiras de praticar a humildade.

Ainda assim, imagino como os torturantes passeios de carro com meus pais e outros incidentes parecidos no nosso lar não teriam sido diferentes se os dois simplesmente parassem e pensassem: "Como posso tratar meu companheiro ou minha filha com mais respeito?" Padrões familiares na infância que careciam de empatia, sejam sutis ou mais óbvios, podem moldar nossos próprios relacionamentos no presente.

Encontrando Empatia Durante Discussões ou Desentendimentos

O propósito de expressar a empatia é se comunicar mais conscientemente, curar conflitos e se aproximar mais uns dos outros. Mas como fazer pessoas queridas ou colegas de trabalho se sentirem ouvidos durante uma discussão? Digamos que seu colega de trabalho, que costuma ser muito gentil, simplesmente solta: "Ninguém sente isso. Suas reações são tão estranhas!" Você pode sentir raiva ou que está sendo julgado. Ainda assim, é você que escolhe como responder. Se retaliar com: "Você que está sendo cruel falando assim!" (algo que genuinamente sente nesse momento), provavelmente fará o colega entrar ainda mais na defensiva — uma situação em que todos saem perdendo. Por que não tentar algo novo?

Uma vez mais calmo, revisite o conflito. Dessa vez, sugiro começar com afirmações vulneráveis na primeira pessoa, como: "Fico magoado quando me sinto julgado por você". Então, especifique uma alternativa, como: "Eu me sentiria mais valorizado e entendido se você dissesse 'Tenho dificuldade em entender suas reações, mas quero tentar'". Não estou aconselhando a pisar em ovos, mas às vezes, os outros não sabem o que nos dizer ou como dizê-lo. Para que se comportem de maneira diferente, ajuda se lhes dermos uma ideia mais clara das nossas necessidades e do que nos faz feliz.

Quando estou sobrecarregada, preciso me isolar do mundo para espairecer. Esse é o pior momento para tratar de assuntos importantes com os outros. No entanto, às vezes, simplesmente não consigo evitar de fazer isso com meu companheiro. Logo me sai da boca a afirmação tão temida e tão falsa: "Sou sensível demais para estar em um relacionamento!" Agora, felizmente, depois de dez anos, ele sabe como responder com empatia: "Parece que você precisa ficar um tempo sozinha". Então fico, e sempre funciona. Ainda assim, "Não consigo estar em um relacionamento" não é o recado que eu quero passar. Então, em momentos de estresse, repito a seguinte afirmação. Ela também pode ajudar você a se manter no caminho.

Uma Afirmação para Se Centrar Durante Discussões ou Diferenças de Opinião

Não vou soltar ultimatos, insultos ou tomar decisões importantes em momentos de sobrecarga, cansaço ou gatilho emocional. Vou fazer uma pausa antes de reagir.

Como a empatia se manifesta durante uma discussão? Ela pode vir na forma de uma resposta mais gentil, mas específica, a alguém querido, como: "Consigo te ouvir melhor se falar deste jeito" em vez de criticar ou atacá-lo. Tanto para você quanto para o outro, ela pode vir ao admitir, seja internamente ou em voz alta: "Minha abordagem não está funcionando, mas estou disposto a aprender." Ou, ao menos, vocês podem aceitar que discordam em um determinado assunto até que surja uma oportunidade para mudança.

Às vezes, a empatia significa permitir que haja espaço para suas diferenças em vez de ficar batendo na mesma tecla. Se precisar de mais tempo para considerar a perspectiva alheia, é bom comunicar isso. Para deixar registrado que você ouviu o outro, tudo bem usar respostas curtas com um tom de apoio, como: "Sei como é" ou "Entendi" ou "Por mim, tudo bem". Meu companheiro diz: "Entendido. Saquei". Não há problema em evitar discussões mais longas até você estar em um estado mais claro e centrado para revisitar a questão.

Vejo discussões e desentendimentos como oportunidades para encontrar empatia mesmo quando me sinto sob ataque. *Não gosto de discutir — me deixa exausta.* Mas as discussões vão surgir e têm um propósito. Pensando nisso, sempre se pergunte o seguinte:

- O que posso aprender com esse conflito?
- O que está me impedindo de mostrar empatia?
- O que está me causando gatilho?
- Como posso abrir meu coração e deixar mais empatia fluir?

Tomar cuidado ao lidar com as discussões faz parte do caminho dos relacionamentos com amor. A empatia nos permite comunicar conscientemente e fortalece nossas ligações com os outros. O coração de todos, inclusive o seu, precisa ser tratado com ternura e respeito.

Quando Alguém que Você Ama Está Sofrendo

Para mostrar empatia a alguém amado que está sofrendo, podemos precisar impor limites saudáveis. Ela não precisa significar que apoiamos todas as escolhas da pessoa ou simplesmente dizer: "Sei como é difícil para você", apesar de esse sentimento talvez fazer parte dessa resposta.

Por exemplo, e se um familiar ou um amigo estiver sofrendo com um vício em drogas ou uma depressão crônica? Se ele estiver disposto a buscar ajuda, pode ser mais fácil mostrar empatia por sua jornada de cura. Mas e se ele rejeitar sua ajuda, como acontece tantas vezes?

Veja o exemplo da minha paciente Marla. Seu "irmãozinho" de 22 anos, Kenny, que ela adorava e ajudou a criar, tornara-se um viciado em heroína que também usava fentanil, um opiáceo cem vezes mais forte que a morfina. Marla observava impotente o vício de Kenny continuar a destruí-lo. Muitas vezes, o irmão olhava fundo nos seus olhos e prometia sinceramente que pararia de usar. Nunca parou. Nem se mostrou disposto a aceitar tratamento.

Marla e eu conversamos sobre o que significava ter empatia por Kenny. Para apoiá-lo, ela começou a frequentar reuniões do Al-Anon, um programa de doze passos para as famílias dos dependentes de álcool ou outras substâncias. Em nossas sessões, Marla também aprendeu como mostrar autoempatia e impor limites com o irmão.

O que a empatia significa quando alguém querido está sofrendo? Aqui vão alguns exemplos da situação de Marla e Kenny:

- **Mostrar compaixão.** Ela disse ao irmão: "Fico mal vendo seu vício em opiáceos te destruir. Eu te amo, mas temo pela sua vida. Estou aqui quando estiver pronto para pedir ajuda".
- **Praticar o amor exigente.** Ela se fortaleceu o suficiente para negar quando Kenny lhe pedia dinheiro para "facilitar a vida", uma abordagem bem-intencionada, mas ingênua, que permitira o vício do irmão.
- **Encontrar empatia pelas ações autodestrutivas do irmão.** Marla tentou (sem criar desculpas para ele) empatizar com a mágoa e a rebeldia de Kenny que queriam entorpecer sua dor e confusão. *Empatizar com a questão que está causando sofrimento à pessoa querida, imaginando-a na própria vida (mesmo que não nos atinja tanto), suaviza nosso julgamento.* Isso é importante quando estivermos ajudando alguém a encontrar a luz.
- **Resistir à vontade de ajudar demais.** Para Marla, não ajudar demais significava negar dinheiro e abrigo a Kenny, o que permitia que ele se injetasse heroína escondido no quarto da casa dela e depois mentisse sobre isso. Ela se sentia culpada por ser uma "irmã terrível", o que ela veio a entender que não era verdade.

- **Evitar a tentação de punir.** Os limites de Marla não foram concebidos para punir o irmão. Ela estava praticando se desapegar com amor, escolhendo gostar do irmão e rezar por ele e, ao mesmo tempo, recusando-se a subsidiar seu vício.
- **Desprender-se da necessidade de consertar o outro.** Marla sempre se desprendia da necessidade de consertar Kenny (o que, de qualquer forma, não estava ao seu alcance). Isso significava aprender a viver com um grande problema não resolvido — e com a própria raiva, preocupação e dor — enquanto continuava a ter esperança que o irmão se curasse.

Depois de alguns anos extenuantes de overdoses acidentais, acidentes de carro quase fatais e períodos na prisão, Kenny finalmente estava pronto para pedir ajuda. Ele completou um programa de tratamento residencial e depois ficou em um lar de sobriedade. Marla é quem mais apoia Kenny. Atualmente ele é um membro ativo dos Narcóticos Anônimos e está sóbrio há dois anos.

No entanto, a recuperação sempre é um passo de cada vez já que recaídas são bem comuns. Além disso, a recuperação vem com desafios e recompensas emocionais próprios, como aprender a lidar com sentimentos dolorosos de modo sóbrio. Kenny precisava se manter consciente dos sinais de alerta que levam à recaída, como quando seu temperamento se exaltava ou ele queria se desligar do mundo com as drogas. Tanto Marla quanto o irmão entendem a importância de manter a vigilância contínua e, ao mesmo tempo, ter gratidão pelo progresso de Kenny até agora.

Em situações de cortar o coração, cada dia de empatia pode exigir algo diferente de nós, seja alguém querido que tem um vício ativo ou que está se recuperando. Sempre há novas maneiras de amar um parente ou amigo que está sofrendo (sem incentivar o vício deles). Às vezes a empatia significa dizer "sim"; outras, dizer "não". Ou pode simplesmente significar fazer o seu melhor e sem se prender aos resultados.

Esses princípios também se aplicam a pessoas queridas que estão fazendo escolhas questionáveis ou claramente nada inteligentes. Um parente que não se exercita ou não tem uma dieta nutritiva, apesar de a pressão, a glicose e o colesterol estarem em níveis perigosos. Como fica a empatia nessa situação?

Quando estamos enfrentando uma situação difícil sob a qual temos pouco ou nenhum controle ou em que nossa capacidade de ajudar o outro é limitada, esperança e oração são instrumentos de cura poderosos. Mostrar autoempatia também. No entanto, se as pessoas queridas estão colocando a própria vida ou a vida alheia em risco, uma intervenção direta mais apropriada seria discar 190 ou 188, que é uma central 24h de prevenção ao suicídio.

Fiquei emocionada com o filme *Um Santo Vizinho*. O protagonista, Vin, é um senhor rabugento com burnout que ajuda quem precisa. Frequentemente, ele visita sua querida esposa há trinta anos, que é uma paciente com demência em um lar de idosos. Para a esposa se sentir segura, já que ela não reconhece Vincent, ele se veste de médico, usando um jaleco branco. Vince ausculta seu coração com um estetoscópio, testa seus reflexos e diz: "Sabe qual o seu diagnóstico?"

"Qual, doutor?", pergunta ela.

Ele sorri e lhe diz: "Você é linda. Com toda a certeza, muito linda". Ela dá uma risadinha e, por alguns poucos segundos, lembra quem ele é, uma troca emocionante.

O sofrimento de alguém querido — independente do que seja — não trata apenas da cura do outro, mas da nossa também. Ele nos mostra o que podemos aprender sobre ter empatia conosco e com o outro. Trata-se de abrir o coração, abordar mais a fundo o amor e tudo o que amar significa.

Na vida, nada permanece o mesmo. Então, aguente firme quando os períodos difíceis chegarem. Um novo amanhecer está por vir. Mantenha-se aberto para aceitá-lo na forma que vier. A mudança é inevitável. Mas, até lá, lembre-se de ficar no Agora. Durante esses períodos, às vezes talvez o único jeito de nos conectarmos com a empatia é respirar fundo, e nada mais. Saiba que isso já é o suficiente.

Para conseguir manter uma separação saudável entre você e o parente ou amigo que está sofrendo, você pode estabelecer sua intenção ao repetir a seguinte afirmação.

Estabeleça Sua Intenção

Não tenho que ter um dia ruim só porque alguém que amo está sofrendo ou preocupado. Eu ainda posso ter um bom dia.

Como a Empatia Cura no Trabalho

Para tornar seu trabalho e ambiente profissional mais feliz, pode se treinar para ter empatia com você mesmo e com os outros. Há muita gente com comportamentos difíceis nesse ambiente. Por exemplo, chefes narcisistas ou colegas que lidam com o estresse reclamando demais ou falando sem parar. As políticas do escritório podem gastar sua energia e paciência. Ou os líderes talvez não tenham treinamento de empatia, o que faz com que os funcionários sintam que suas necessidades não são atendidas.

Ainda assim, você pode mudar a negatividade do seu trabalho, seja pessoal ou virtualmente, ao se recusar a alimentar comportamentos difíceis. Aqui vão algumas dicas:

- Mostre que valoriza seus colegas de equipe.
- Seja compreensivo quando alguém estiver tendo um dia ruim.
- Use a escuta empática. Quando estiver falando com um colega de equipe, esteja totalmente presente em vez de ficar olhando o telefone ou parecendo distraído.

Colocar essas dicas em prática cria um efeito cascata chamado "contágio emocional positivo", que espalha a positividade no ambiente de trabalho e melhora a perspectiva de todos.

Qual o Seu Coeficiente de Empatia no Trabalho?

Assim como a inteligência pode ser medida com um coeficiente de inteligência, ou QI, a empatia também pode ser estimada com um coeficiente de empatia, ou EQ. Faça o quiz para descobrir o seu.

- Você é sensível à necessidade dos seus colegas de equipe?
- Você ouve com o coração, não apenas com a cabeça?
- Você consegue deixar os outros falarem sobre um projeto sem interrompê-los?
- Você consegue ouvir sem precisar consertar o problema de alguém?
- Você consegue impor limites saudáveis com colegas de equipe que o exaurem?
- Você está aberto às necessidades ou ideias dos seus colegas de equipe?
- Você se importa com o bem maior da sua empresa, do mundo e do planeta?

Se respondeu "sim" para seis ou sete das perguntas, você tem um EQ alto. Se sua resposta tiver sido afirmativa para quatro ou cinco delas, quer dizer que você tem um EQ que varia entre moderado e alto; se tiver respondido "sim" para duas ou três perguntas, significa que tem um EQ moderado, e, se sua resposta tiver sido afirmativa para uma ou nenhuma pergunta, quer dizer que você tem um EQ baixo.

Independentemente do seu escore, aumentar a empatia é sempre uma possibilidade.

Confiando nos Colegas de Equipe

Como a empatia aparece no trabalho? Valorizando as perspectivas alheias e debatendo possíveis soluções criativas para uma questão. Isso transmite a mensagem de que você confia nos seus colegas de equipe e valoriza suas opiniões. Sem confiança, fica difícil atingir grandes feitos como equipe.

Minha paciente Eve, uma supervisora de tecnologia perfeccionista, costuma focar demais os erros de seus funcionários. Por exemplo, quando Joe entrega seus relatórios, ela imediatamente encontra erros neles e chama a atenção dele. Joe, um engenheiro talentoso, se sente degradado e desvalorizado com essas críticas. Elas o deixam nervoso, então ele comete ainda mais erros.

No entanto, já que sempre tiveram uma boa relação, Joe tomou coragem e disse: "Eve, sinto que você não confia mais em mim. Parece estar preocupada com a qualidade do meu trabalho". Eve ficou surpresa. Ela não tinha percebido o impacto daquelas minúcias que apontara nem que parara de enfatizar o que Joe fizera bem-feito. Eve respondeu à honestidade dele com empatia e disposição a mudar seu comportamento. Nesse cenário de trabalho feliz e de cura, os dois conseguiram reconstruir sua confiança em seu relacionamento.

Confiar em seus colegas de equipe é a chave para o sucesso. É preciso que todos se apoiem. Sempre que alguém trai a confiança da equipe (ou de um membro dela) no trabalho, é preciso abordar isso com sensibilidade e candura para que a equipe possa trabalhar em harmonia novamente. Uma possibilidade é compartilhar o incidente com o supervisor ou com o departamento de recursos humanos para que eles possam coordenar uma resposta gentil, tanto com os indivíduos envolvidos ou com a equipe como um todo. O supervisor pode fazer o seu melhor para ajudar a resolver a questão e clarificar possibilidades para restabelecer a confiança mútua, se for possível.

Honrando Limites

No trabalho, pode haver certas limitações quanto a fornecer e receber empatia. É o caso, por exemplo, dos abraços. Abraçar um colega de trabalho que está sofrendo pode ser uma reação natural para você, mas ela pode não ser bem recebida ou apropriada. Nem todo mundo se sente consolado com um abraço. Alguns podem considerar esse contato intrusivo demais. Se você gosta de abraçar, sempre confirme com o outro "Posso te dar um abraço?" Pense nos riscos do que agora são considerados "comportamentos inadequados para o ambiente de trabalho", estabelecidos porque abraços e contato físico foram usados de forma abusiva.

Considere também como o choro pode ser interpretado nesse ambiente. Por mais que eu gostaria que o escritório fosse um espaço seguro para chorar, ainda há uma crença enraizada em muitas culturas corporativas de que pessoas fortes não choram. Suas lágrimas poderiam ser mal interpretadas como fraqueza ou evidência de que você não sabe fazer o seu trabalho. Consequentemente, alguns dos meus pacientes decidiram chorar apenas no escritório de porta fechada, no banheiro ou quando saem para uma caminhada com um amigo que os apoia.

Eu gostaria de verdade que a cultura de trabalho estadunidense fosse mais emocionalmente evoluída e conseguisse acolher o choro. Mas há limites realistas a serem considerados. No seu trabalho, tome cuidado com as pessoas com quem você escolhe compartilhar suas lágrimas.

Se estiver chateado com o jeito que um colega de trabalho o tratou ou simplesmente precisar dar uma choradinha, encontre o lugar certo para isso. Avalie com sinceridade se o seu local de trabalho aceita o choro. Se não aceitar, um ambiente mais seguro emocionalmente pode ser mais indicado.

Estratégias para Lidar com Comportamentos Difíceis no Trabalho

No trabalho e na sua vida pessoal, você enfrentará com frequência comportamentos alheios irritantes e frustrantes. Você pode se perguntar: *Como aplico a empatia neste caso?*

Com um plano, você estará pronto para essas "oportunidades de ouro". Caso se sinta tentado a expressar seus sentimentos direta e impulsivamente a um supervisor ou colega de equipe, perceba que talvez haja repercussões indesejadas. É melhor abordar a situação de maneira calma, tática e priorizando as soluções. Então veja essas pessoas como professores com quem praticar a habilidade de se centrar e ter expectativas realistas. Tratá-los com raiva ou irritação provavelmente não o levará aos resultados que deseja.

Para se curar, identifique com sinceridade um traço seu que mais incomoda os outros. É reclamar demais? Criticar? Ser rígido ou mandão demais? *Todos estamos propensos a essas reações.* Mas, uma vez que possa admitir *Eu também estou propenso a me comportar assim*, você sentirá menos gatilhos e conseguirá levar com um sorriso no rosto os defeitos alheios. Gosto da expressão: "Deixe a lupa de lado e pegue o espelho". Essa é uma humildade necessária a que aspirar.

O foco deste livro é aprender a ver as pessoas em sua completude. Então mantenha em mente que os seguintes comportamentos são simplesmente traços presentes em nós ou nos outros. Eles não representam a pessoa completa. Para encontrar o equilíbrio, lembre-se dos traços mais cativantes e úteis também.

Traços Difíceis Comuns e Como Responder com Empatia

1. **Reclamar demais.** Toda vez que você interage com essa pessoa, ela está sempre reclamando. Ela costuma se fazer de coitada e dizer "Sim, mas..." quando você apresenta soluções. Está mais interessada em reclamar do que em mudar.

   Como sentir mais empatia. Perceba que aqueles que costumam reclamar podem ter sido criados em uma família em que sempre um falava por cima do outro, e ninguém conseguia terminar uma frase. Suas necessidades não foram ouvidas. Agora, a pessoa compensa reclamando demais por não ter tido um exemplo que a ensinasse a resolver conflitos.

   Resposta empática. Imponha limites claros. Limite o tempo que você passa conversando sobre as reclamações. Por exemplo, diga gentilmente ao seu colega de trabalho: "Vejo como isso está te estressando. Vou torcer para que a situação se resolva rápido. Estou correndo com um prazo agora. Quando as coisas se acalmarem, e você estiver pronto para buscar soluções, vamos marcar alguma coisa". Ou encaminhe a pessoa ao departamento de recursos humanos para ajudar a resolver uma questão de trabalho.

2. **Inspecionar e corrigir.** Essa pessoa costuma lhe dizer o que fazer e oferecer conselhos não solicitados, o que aliena você. Ela o fica corrigindo, mostrando jeitos "melhores" de lidar com o chefe ou o trabalho ou mesmo de fazer a janta. Sente que é dever dela apontar as suas falhas para que você possa "melhorar".

   Como sentir mais empatia. Perceba que os pais dessa pessoa provavelmente tinham um comportamento controlador ou sufocante ou que costumavam sempre achar erros em tudo. Já que as crianças seguem o exemplo dos pais, como adultas, elas também costumam mostrar tendências similares de controlar e corrigir os outros.

Resposta Empática. Em um tom relaxado e gentil, diga ao seu colega de trabalho: "Valorizo sua opinião e vou levar em consideração o que você disse. Preciso de mais tempo para pensar direito". Diga ao seu colega de equipe: "Fico feliz com o retorno; obrigado mesmo". Você não está pedindo desculpas ou acalmando o outro. Simplesmente está reconhecendo sua contribuição para que ele se sinta ouvido. Mais tarde, avalie se a perspectiva dele traz alguma verdade e continue fazendo o que intuitivamente parece melhor para você.

3. **Falar sem parar.** De início, essa pessoa pode parecer interessante, mas, quando a falação nunca acaba, você se sente cansado. Você espera uma abertura para poder falar uma palavra que seja, mas a oportunidade não vem. Ou o outro pode se aproximar tanto que praticamente respira em cima de você. Mesmo se você se afastar, ele se aproxima novamente. Um paciente comentou o seguinte sobre um colega de trabalho: "Sempre que vejo essa pessoa, sinto meu estômago revirar".

   Como sentir mais empatia. Essa pessoa provavelmente foi criada em uma família que evitava sentimentos desconfortáveis ao falar demais. A falação constante era uma defesa para bloquear emoções dolorosas ou questões mais profundas.

   Resposta empática. O outro não entende as deixas não verbais, então é preciso interrompê-lo, por mais estranho que isso possa parecer. Para sair da conversa, você pode dizer gentilmente: "Desculpe interromper, mas estou atrasado para outro compromisso" ou "Com licença, preciso ir ao banheiro". Ou ouça seu colega de trabalho por alguns minutos e então diga em um tom neutro: "Eu também gostaria de contribuir para a conversa". Se expressar suas necessidades de maneira sucinta e objetiva, sem irritação, ele vai ouvi-lo melhor.

4. **Comportamento passivo-agressivo.** Essa pessoa expressa raiva com um sorriso. Tende a dar desculpas e evitar assumir responsabilidade por seu comportamento. Por exemplo, um colega de trabalho promete ajudá-lo com um projeto que precisa ser entregue, mas não cumpre o prometido e, sem pedir desculpas, diz com um sorriso: "Tive muitos compromissos. O projeto não era uma prioridade". Ou um colega que "acidentalmente" não o convida para uma reunião que ajudaria você no seu trabalho. No mínimo, esses incidentes são sinais de alerta, indicando que não podemos depender dessa pessoa. Ainda assim, aqueles com o comportamento passivo-agressivo tendem a repetir o padrão, então fique esperto. Essas pessoas podem fazê-lo se sentir mal e desvalorizado, mas continuam sendo "gentis".

   Como sentir mais empatia. Considere que as alfinetadas, indiretas e desculpas podem ter sido o único jeito de a pessoa expressar raiva frente a pais que a puniam. Além disso, esses podem ter sido mecanismos que ela desenvolveu para ganhar controle na família ou sair de situações estressantes.

   Resposta empática. Comunique de maneira direta o que você quer que a pessoa faça. Por exemplo: "É importante que você cumpra o prometido quando se compromete a trabalhar em um projeto ou me incluir em uma reunião". Talvez ela ainda tente sair pela tangente se encontrar abertura para isso, mas se você permanecer direto e não a culpar, é mais provável que ela atenda às suas necessidades.

A empatia é de um valor enorme quando respondemos aos outros no trabalho e no mundo. Ela nos deixa manter a gentileza e permanecer centrados ao mesmo tempo, de modo que as pessoas fiquem mais aptas a atender nossas necessidades.

• ● •

As pessoas mais legais e íntegras que conheço são as que dão o exemplo da empatia no dia a dia. São humanos normais, fazendo o seu melhor, mas não "perfeitos". A felicidade de alguém querido é importante para elas. As necessidades de um colega de trabalho são valorizadas. Elas não se gabam ou gostam de diminuir os outros para se aumentar. Aspiram à simplicidade e à humildade. Mesmo quando suas vidas estão um caos, elas encontram motivo para gratidão. *Uma vida empática não trata da perfeição.* Ela é magnífica e assumidamente humana ao evoluir em direção ao bem.

A empatia, a sintonia, a afinidade e a compaixão: mantenha esses atributos em mente nos seus relacionamentos e no decorrer da sua vida. Fazer o seu melhor para alcançá-los já basta. Pouco a pouco, o crescimento pode acontecer se você estiver aberto a ele. Adoro esta passagem simples e profunda do *Tao Te Ching*:

> A coisa mais gentil do mundo
> supera a coisa mais difícil do mundo.[1]

Use as técnicas deste capítulo para mostrar empatia de maneiras que lhe pareçam autênticas. Se não puder alcançá-la agora, tudo bem. A empatia nunca envolve forçar as coisas ou ir rápido demais. Em vez disso, nos relacionamentos, você pode precisar recuar e se recompor antes de agir. Prefiro ir devagar, feito uma tartaruga. Isso nos imbui pose e poder, especialmente quando a adrenalina está à flor da pele. Então tenha paciência com você mesmo e com os outros.

Ao trazer a empatia para seus relacionamentos, sempre consulte seu coração, bem como a razão. Com alguns, você será gentil, mas firme. Com outros, será mais fluido e cederá mais. Quando alguém não puder ou não quiser mudar — e suas qualidades superarem seus defeitos —, ter empatia quer dizer valorizar seus aspectos positivos e praticar a tolerância para todo o resto. Com pessoas difíceis, essa abordagem equilibrada trará mais harmonia, cura e felicidade para uma variedade de interações.

EMPATIA EM AÇÃO

Imponha Limites com Gentileza

Pratique dizer "Não" ou "Agora não" com amor e empatia em um relacionamento de trabalho que poderia melhorar com a imposição de um limite saudável. Seja tácito, mas claro ao se expressar. Aborde a pessoa com uma generosidade de espírito ao mesmo tempo em que comunica suas necessidades.

7

Como Se Doar de Maneira Saudável

Sendo Gentil Sem Se Martirizar, Ajudar Demais ou Sofrer Burnout

DOAR-SE ÀQUELES QUE ESTÃO passando necessidade e a nós mesmos quando estamos sofrendo é um impulso gentil e generoso que cura. Ainda assim, como muitos dos meus pacientes, você pode se perguntar: "Como posso me doar sem sofrer burnout? Como posso ser compassivo sem absorver o estresse alheio?"

Servir de ajuda aos outros nos permite colocar a empatia em ação. Vou mostrar como isso se aplica tanto a doar quanto a receber para que você não corra o risco de sofrer com a fadiga e a exaustão da compaixão, que é muito real e pode surgir quando nos doamos ou ajudamos demais. Uma abordagem cuidadosa do fluxo de energia vai proteger seu bem-estar, fortalecer seu sistema nervoso e aumentar a qualidade de seus relacionamentos.

Doar-se é algo lindo, mas conheci muita gente que se sacrificou até a última molécula para tentar ajudar alguém que talvez nem mesmo queria ser ajudado. Ou que se exauriu tentando consertar os outros. Então, para maximizar o potencial de cura dessa ação, é preciso aprender a manter o discernimento e o equilíbrio.

O desejo de se doar flui naturalmente da empatia. Você se importa. Quer ajudar. Então oferece seu tempo, seu conhecimento e sua energia. (Para mim, o tempo é meu presente mais valioso.) Talvez você escute um colega de trabalho que está passando por um divórcio complicado ou lave uma leva de roupas para seu vizinho adoentado. Talvez simplesmente sorria para um estranho.

Você também pode se doar ajudando o próximo a brilhar. Assim como empatiza com a tristeza do outro, também pode reconhecer os sonhos dele. Por exemplo, acreditando na paixão da sua filha de se tornar jornalista quando ela duvida de si mesma, recomendando aos sete ventos o trabalho de um colega ou compartilhando da alegria de um amigo que está animado com uma viagem para o Havaí. Ser um anjo da guarda para os outros e comemorar sua felicidade e sucesso também pode alegrar você.

Precisamos de aliados leais neste nosso mundo tão sobrecarregador e egocêntrico em que tantos se sentem cronicamente sozinhos e privados de empatia. Ter um único aliado já é uma bênção. Assim, quando nos ajudamos a brilhar, nós nos nutrimos como indivíduos e comunidade.

A todos os meus aliados, digo:

> Sua fé em mim faz meu espírito se elevar ainda mais.
>
> Sua empatia faz com que eu me sinta acolhido e entendido.
>
> Sua generosidade faz com que eu me sinta valorizado.

Mostrar empatia ao próximo é uma forma poderosa de se doar. Minha inspiração é a oração do 14° Dalai Lama sobre ajudar o próximo, do livro *Uma Ética para o Novo Milênio*, no qual ele busca ser "um guia para os que perderam o rumo" e "uma ponte para os que têm rios a atravessar".[1] Cada um com seu estilo único, também podemos fazer isso.

Este capítulo cobrirá a ligação entre a empatia e a doação, bem como diretrizes para manter a sanidade, o carinho e a energia ao cuidar dos outros. Examinaremos a neurociência por trás do "brilho de quem se doa" e do "barato de quem ajuda", além de diretrizes para evitar a fadiga empática.

A Doação Saudável

É mito dizer que se doar de maneira saudável é somente incondicional ou altruísta. Essa ação também pode ser condicional. Ela vem do coração, mas também envolve estabelecer limites quando necessário e praticar o autocuidado. Uma forma de se doar é mostrando gratidão, seja por que o outro tirou o lixo, cobriu seu turno no trabalho ou escreveu um romance emocionante. A gratidão ajuda as pessoas a se sentirem validadas e a florescerem. Pode tirar o mau humor de alguém, que passa a pensar "Se bem que essa situação talvez nem seja tão ruim assim." Você pode se doar simplesmente pela alegria que isso lhe proporciona, sem expectativas, ou pode ter acordos implícitos ou explícitos nos seus relacionamentos, como *Sempre serei generoso com meus filhos* ou *Eu e meus amigos sempre nos apoiaremos emocionalmente* ou *No trabalho, ninguém solta a mão de ninguém.*

Ensino meus pacientes a se doarem de forma saudável, às vezes é caso de vida ou morte. É uma lição de equilíbrio e conservação de energia que muitos de nós, gente boazinha demais, precisamos aprender. Você aprenderá a empatizar sem sacrificar seu bem-estar. Aqui vão alguns traços daqueles que se doam.

Traços de Pessoas Que Se Doam de Forma Saudável

- Empatizam sem se sentirem drenadas.
- Praticam a gentileza aleatoriamente.
- Estabelecem limites saudáveis como ao apostar no não positivo.
- Priorizam o autocuidado, o descanso e o tempo para si, de modo a recarregar as energias.
- Sentem-se nutridas ao se doarem.
- Conhecem os próprios limites.
- Aceitam ajuda.
- Delegam responsabilidades.
- Permitem que o outro tenha a dignidade de seguir o próprio caminho sem interferirem.

Gradualmente, você pode incorporar muitos desses traços à sua vida. Aprender a balancear a empatia com o autocuidado é um processo de cura contínuo.

A Neurociência da Doação Saudável

A neurociência confirmou que a doação saudável aumenta o bem-estar de diversas maneiras.[2] Por exemplo, o voluntariado se mostrou eficaz para diminuir os níveis de estresse, reduzir a depressão, bem como diminuir dores e aflições.[3] Além disso, exames de ressonância magnética funcional demonstraram que se doar para uma causa digna aumenta a dopamina, o hormônio do prazer.[4] Também se provou que contribuir para uma comunidade aumenta a capacidade de lidar com o vício e o luto.

O Trio da Felicidade

Sou particularmente fascinada pelo que os pesquisadores cerebrais chamam de trio da felicidade, uma resposta bioquímica que melhora o humor e acontece quando ajudamos o próximo.[5] Funciona assim: doar-se estimula três poderosos neurotransmissores que controlam a saúde e o humor: a ocitocina (o hormônio do amor); a serotonina (o hormônio da felicidade) e a dopamina (o hormônio do prazer mencionado anteriormente). Essa ação cria um fluxo de felicidade pelo seu corpo, além de diminuir o cortisol, o hormônio do estresse. Isso, além das endorfinas que promovem o bem-estar, explicam o brilho de quem se doa e o barato de quem ajuda.[6] As implicações práticas são animadoras. Se estiver tendo um dia ruim, doar-se ajuda a controlar sua biologia, diminuindo o estresse e criando otimismo e bem-estar.

Também fico animada com a pesquisa mencionada na revista *Psychosomatic Medicine*, que compara os benefícios biológicos de se doar e receber. No estudo, perguntaram aos participantes sobre ocasiões em que eles ajudaram ou receberam ajuda. Suas respostas foram medidas em uma série de testes de neuroimagem. A pesquisa descobriu que ajudar diminuía o estresse e acendia mais os centros de recompensa do cérebro do que receber auxílio. Isso sugere que nosso cérebro é programado para se sentir melhor ao se doar e que o egoísmo ocasiona menos recompensas, que notícia boa para o futuro da nossa espécie.[7]

A empatia alimenta o desejo de se doar, e essa ação alimenta o cérebro, as células e a qualidade de vida. Enalteço a ideia do futurista Jason Silva de adotar uma nova definição para "bilionário": "Você impactará positivamente um bilhão de pessoas?"[8] Imagine todo o amor demais e o estresse de menos que um bilhão de atos de doação gerariam. É nesse tipo de mundo que quero viver.

Doações Anônimas: Gentilezas Aleatórias

Para criar mais empatia e generosidade na vida cotidiana, praticar gentilezas aleatórias e doações anônimas são formas divertidas de ajudar. Você se doa para si mesmo e para o destinatário da sua benevolência.

Gentilezas aleatórias incluem ajudar pessoas de idade a atravessarem a rua ou segurar o elevador para uma mãe com filhos pequenos. Quando faço essas coisas simples, os outros ficam felizes, e talvez eu até lhes ofereça um vislumbre de esperança para nosso mundo tão corrido. Por exemplo, adoro deixar as pessoas passarem na minha frente em uma fila de mercado longa e lenta. Algo mágico acontece quando ofereço: "Quer passar na minha frente?" Os olhos do outro se iluminam de repente. Ele se torna mais amigável. Temos uma curta faísca de conexão genuína. "Que gentil da sua parte", exclama a pessoa sorrindo. Entre os estressores da vida, nossa breve interação melhorou nosso dia e adicionou mais positividade ao mundo.

Com doações anônimas, você se doa sem querer crédito ou reconhecimento. Ninguém sabe seu nome. No decorrer dos anos, deixei algumas notas de dinheiro por aí para as pessoas descobrirem. Coloco cinco dólares na prateleira de uma loja ou dez embaixo de um vaso em um prédio corporativo. Tipicamente, quando as pessoas encontram dinheiro, elas o veem como um "sinal" auspicioso. Fico animada em ver que um gesto tão pequeno pode melhorar o comportamento de alguém. Tente você também! Aproveite as boas energias das doações anônimas.

Servir de ajuda desvia sua atenção da cabeça para o coração. Ironicamente, descobri que essa estratégia também funciona especialmente bem se estou frustrada ou deprimida e não sinto a mínima vontade de me doar. Mesmo assim, quando me convenço a servir de ajuda a alguém, pode ser qualquer pessoa, isso sempre melhora o meu humor.

As pessoas estão ávidas por empatia e civilidade, mesmo se, por fora, parecerem não se importar. Podem estar tão apressadas ou atoladas de compromissos que não têm tempo para fazer uma gentileza a um estranho. Mas espero que você faça. E sinta a cura que advém de se doar nas circunstâncias mais comuns.

Quando Pedem Ajuda

É uma circunstância muito especial quando alguém pede ajuda. Em vez de oferecer um conselho não solicitado, que normalmente não é bem recebido, você recebe uma abertura para ajudar o próximo. Mas, ainda assim, pode se perguntar: *Qual o limite para minha doação ou para minhas palavras? Até que ponto devo ser sincero?*

Para determinar isso, você pode perguntar com franqueza: "Quer que eu seja direto?" Costumo falar menos, não mais. Minha intenção não é alarmar o outro, mas ajudá-lo. No decorrer dos anos, aprendi que, quando as pessoas perguntam: "Judith, o que sua intuição diz sobre...?", elas normalmente querem boas notícias. Então, adiciono esse fator ao que me perguntam e, lendo a pessoa, busco oferecer a resposta mais empática e útil.

Por exemplo, minha amiga Ellie me pediu uma opinião sobre uma carta que ela estava para enviar ao seu novo editor, colocando a boca no trombone para reclamar do jeito que tinham tratado seu primeiro lançamento recentemente. Ao ler, pensei: *Ai, não*. Estava cheia de uma raiva nua e crua, culpando o editor por "não ter feito o suficiente".

Eu não quis ofender minha amiga. Também sabia que ela prejudicaria a si mesma e ao livro se enviasse a carta. Então, perguntei: "Posso ser sincera?"

Sem hesitar, Ellie respondeu: "Com certeza".

Primeiro, empatizei com todas as frias em que todos costumam entrar quando lançam o primeiro livro, já que a maioria dos autores não conhecem lá grande coisa do processo de publicação. Então, disse sem julgá-la: "Ellie, você escreveu uma carta furiosa, o que é saudável. É ótimo que tenha desabafado. Mesmo assim, enviá-la vai alienar as pessoas que você precisa ter ao seu lado. Em vez de mandar assim, sugiro escrever com este tom". Então, enviei-lhe um exemplo de texto que agradecia a equipe editorial pela ajuda e recorria à benevolência deles no futuro. Ela poderia fazer isso ao reconhecer o trabalho duro dos membros da equipe na produção do livro e ao mostrar gratidão pelo que foi bem-feito. Depois, poderia acrescentar: "Seria ótimo, se..." Então, ela especificaria o que gostaria de mudar para melhorar o processo em vez de dizer: "Vocês não estão fazendo por onde. Estou chateada que não estamos vendendo mais livros!" Ellie aceitou meu conselho e o colocou em prática, o que nem sempre acontece. Felizmente, funcionou.

Quando lhe pedirem ajuda, sempre comece empatizando ao menos em parte com a opinião do outro, mesmo se você não concordar com o resto. Então, com um tom carinhoso, pode opinar sobre a parte mais difícil da questão que lhe apresentaram. Ao oferecer conselhos com amor exigente, respeito e empatia, isso facilita que o outro escute você.

Seja gentil com você mesmo ao aprender as diferentes maneiras de expressar a empatia. Tudo bem escolher a dedo como quer se doar. Com algumas pessoas, você pode se doar muito, com outras, pouco ou nada. É preciso confiar na sua intuição e modificar sua abordagem de acordo com as circunstâncias.

Doação Codependente

A codependência pode ser definida como um relacionamento que se tornou tão intrinsecamente insalubre que os envolvidos perderam sua força e poder individuais. Normalmente, uma pessoa com traços de codependência se sente responsável demais pelos outros e paga o pato nos relacionamentos e no trabalho. Ela quer que todos sejam felizes. Então faz de tudo e se torna uma conciliadora obcecada por agradar os outros em seus relacionamentos. Tem dificuldade em afirmar suas necessidades por medo de rejeição ou desaprovação. Há uma piada que diz que quando uma pessoa codependente morre, é a vida do outro que ela vê passar diante dos olhos.

Se você é um codependente que se doa, pode ser difícil recuar e deixar que os outros aprendam com seus erros. Apesar das boas intenções, você quer ajudar demais ou consertar os outros ou acredita que é necessário intervir. Você pode ter aprendido esse hábito ao viver com alguém que tem dificuldades com a bebida ou é narcisista ou ansioso.

Muitas pessoas carinhosas têm tendências codependentes, mas nem todos os codependentes que se doam são empatas. A codependência está mais para um instinto de se doar demais e cuidar do que para um indicativo de empatia. Você pode ser codependente sem ser empata. Os empatas absorvem o estresse e os sintomas alheios, algo que nem todos os codependentes fazem. No entanto, é comum ambos terem problemas em estabelecer limites e se verem como seres autônomos. A cura envolve aprender a escutar com atenção sem sentir que é seu trabalho resolver os problemas alheios.

Ao contrário da doação saudável, a codependente normalmente significar cuidar mais dos outros do que de si mesmo. Apesar de até poder ter boas intenções e realmente querer ajudar, você tende a negligenciar as próprias necessidades e se doar demais a ponto de se exaurir, mesmo no caso de pessoas que o tratam mal. Você pode correr o risco de se martirizar.

Na verdade, a doação nem sempre é benéfica para aquele que se doa. Já vi como as doações codependentes podem prejudicar e muito meus pacientes física e emocionalmente. Elas fazem as pessoas se sentirem drenadas e desvalorizadas. Doar-se é para trazer bem-estar. Se não trouxer, algo está errado.

Em relacionamentos saudáveis, não é sempre que você precisa se esforçar tanto emocionalmente.

As Doações São Recíprocas?

Um dilema comum que muitos codependentes que se doam enfrentam é: *Devo ficar disponível para meus amigos ou parentes se eles não se disponibilizam para mim?*

Diana participou de uma das minhas oficinas com 40 e poucos anos e tinha um coração de ouro, ela estava nessa situação. Contou ao grupo: "Eu empatizo com meus amigos. Adoro ajudar. Quero que se sintam apoiados. Mas quando fico doente ou me machuco, ninguém aparece! Já é difícil pedir ajuda, mas quando peço, meus amigos ainda por cima não aparecem. Depois, eles voltam querendo conselhos e apoio de novo. É uma sensação horrível".

Como é o caso de muitos codependentes, a doação de Diana era unilateral. Admitir isso para si mesma e para o grupo mostrou sua vulnerabilidade. Ela revelou com sinceridade que se sentia indigna de amizades igualitárias e que precisava lutar pelo amor dos outros. Diana também tinha medo de ser rejeitada se afirmasse suas necessidades.

A doação excessiva e o abandono estão conectados. A motivação inconsciente é: "Se eu continuar me doando, ninguém vai me abandonar". Além disso, tendo sido criada em um lar religioso, caridoso e conservador, Diana foi ensinada que pessoas compassivas se doam incondicionalmente enquanto as egoístas estabelecem limites e praticam o autocuidado. Essas crenças programadas mantiveram Diana presa em padrões de relacionamentos que, agora, ela finalmente estava pronta para curar.

Então, naquele agosto ensolarado na nossa oficina, ela estava disposta a considerar outra narrativa — a de que ela também merecia o amor com que tanto banhava os outros e que isso não a tornava egoísta. Então aconselhei: "Usando um tom gentil e sem culpar ninguém, comece a levantar essa questão com seus amigos. Comece pelos mais tranquilos. Conte-lhes como você valoriza o apoio mútuo. Veja se eles querem retribuir. Se quiserem, ótimo. Se não, ou se falarem da boca para fora sem mostrar mudança, talvez considere mostrar menos disponibilidade para eles".

Depois da oficina, Diana tomou coragem e começou a levantar essa questão com os amigos. Ela gaguejou e ficou nervosa, mas falou! Um mês depois, ela me escreveu dizendo que a maioria das pessoas adoraram ajudá-la também. Um amigo disse: "Estava tão acostumado com suas doações que nem parei para pensar em te apoiar também já que você nunca pediu!" Só uma pessoa entrou na defensiva e chamou Diana de "ególatra". Essa informação foi um bom choque de realidade. No fim das contas, ela escolheu relacionamentos em que o apoio era mútuo.

Agora use os traços abaixo para avaliar como você se doa, de modo a servir de ajuda aos outros com mais equilíbrio e gratificação.

Traços de Codependentes Que Se Doam

- Coloco as necessidades dos outros acima das minhas.
- Continuo me doando para pessoas que não retribuem meu cuidado.
- Sinto-me exausto por ajudar demais ou me martirizar.

- Sou obcecado em agradar os outros — faço hora extra para deixar os outros felizes.
- Sinto-me culpado ao dizer não ou ao pedir ajuda.
- Às vezes quero controlar ou gerenciar demais a vida alheia ou ofereço conselhos não solicitados.
- Tenho medo de ser rejeitado ou abandonado se expressar minhas necessidades.
- Tento salvar os outros dos seus problemas.
- Acredito que é responsabilidade minha assumir o sofrimento dos outros e do mundo.
- Às vezes sufoco os outros com minha generosidade.

Quanto mais traços você identificar na sua vida, maior a sua tendência de ser um codependente que se doa e de sofrer uma sobrecarga de empatia. Ter nem que seja um desses traços sugere a presença de alguma codependência. Seja gentil com você mesmo. Comece a equilibrar o quanto se doa e recebe. Seu objetivo é expressar a empatia de modo equilibrado e se sentir bem.

O Complexo de Mártir

O complexo de mártir, ou se sentir obrigado a se autosacrificar mesmo que isso o machuque, é reconhecido pelos profissionais de saúde mental. Trata-se de uma forma particularmente perigosa de codependência. Mostrar empatia é uma coisa, mas assumir os problemas alheios pode ter consequências desastrosas.

Ao longo dos anos, inúmeros pacientes chegaram até mim exaustos, deprimidos ou sofrendo de dores crônicas e doenças autoimunes. A maioria deles eram indivíduos extremamente carinhosos. No entanto, eles acreditavam que seu dever como pessoas compassivas era se doar sem limites ou sem se preocupar com o próprio bem-estar. Ou sacrificavam sua energia para evitar conflitos. Então se tornaram os conciliadores ou mártires da vez. Como resultado, seu corpo e espírito sofriam.

É comum os mártires acreditarem em coisas como: *Preciso aguentar os insultos da minha família porque eles não sabem o que estão fazendo* e *Estou sacrificando meu tempo e energia só para ajudar você*. Um mártir pode se sentir preso em um emprego ingrato, mas continua ali sofrendo. Costumam fazer os outros se sentirem culpados por fazerem de menos, algo frustrante com que se lidar.

Não vejo apelo algum em se martirizar. Quero a longevidade no meu trabalho; não quero sofrer burnout como acontece a tantos curadores com tendência a se martirizar. Uma lição contínua é que eles e os empáticos podem ser compassivos sem assumir os problemas e as dores alheias e arriscar a própria saúde.

Sempre que me pego me sentindo responsável por alguém e trabalhando duro demais para ajudá-lo, invoco esse mantra do senso comum de Al-Anon:

> Não causei.
> Não posso controlar.
> E não posso curar.[9]

Lembre-se desses "três Cs" quando se sentir tentado a exagerar no autosacrifício. Ter um complexo de mártir não é um uso equilibrado da empatia. Gostaria que você explorasse as muitas outras possibilidades bem mais energizantes para se doar, as quais apresento a seguir.

Doação Versus Incentivar

Às vezes, doar-se pode não vir na forma que esperamos. Em um fim de semana, visitei dois amigos artistas bem excêntricos que vivem em meio à natureza na costa de Oregon e também assumidamente fumavam como chaminés e eram alcoólatras.

Eu estava tão animada para vê-los que não considerei direito o impacto que seus hábitos de fumo e bebida teria em mim. *Claro que consigo aguentar por alguns dias*, pensei. Mas depois de algumas horas, meus olhos ardiam, meus pulmões estavam irritados e minhas roupas fediam a cigarro. E não tinha como escapar do fedor de uísque que permeava o ar dentro da casa.

Como convidada, queria ser gentil e retribuir para meus amigos. Eu me perguntei *Como posso servir de ajuda a esses queridos fazendo algo que os agrade?* Então, todas as manhãs, enquanto dormiam, eu esvaziava os cinzeiros, algo que me fazia sentir bem. Não era lá uma tarefa muito divertida, mas era um gesto que os agradava e muito.

Você pode perguntar: "Não estava incentivando seu vício em nicotina?" Não, aqui vai o porquê: Eu estava ali para visitar, não para intervir. Eles teriam fumado feito chaminés mesmo se eu não tivesse limpado os cinzeiros e não tinham vontade nenhuma de parar de beber. Isso é diferente de incentivar, que é quando pioramos ou inventamos desculpas para o comportamento disfuncional de alguém; eu só queria facilitar um pouco a vida deles.

No fim das contas, nós nos divertimos muito, comemos juntos, caminhamos na praia e aproveitamos a companhia um do outro. Ainda assim, preciso admitir que fiquei aliviada ao dizer adeus e adentrar o glorioso reino do ar fresco e dos odores agradáveis da minha casa novamente.

Em algumas situações, nossas contribuições são limitadas. Sei que você pode querer ajudar os outros a curar seus vários problemas, mas considere também o que é realista. Lembre-se, doar-se não envolve apenas você. Também envolve o que os outros podem aceitar naquele determinado período.

É legal atualizar nossos hábitos de doação. Passe um tempo escrevendo no diário sobre seus relacionamentos. Quais são saudáveis? Quais são codependentes? Liste alguns passos construtivos para reequilibrar os relacionamentos codependentes, como não se comunicar com tanta frequência com aquele parente ansioso, estabelecer limites claros ou deixar os outros errarem e aprenderem com seus erros. Assim, um por um, comece a remodelar seus relacionamentos codependentes e aproveite os bem equilibrados.

Como Empatizar sem Assumir o Estresse Alheio

Um pavor que muitos dos meus pacientes compartilham é: "E se me pedirem mais do que posso dar? Sinto culpa se disser 'não'".

Para servir de ajuda, você não precisa se dedicar 100% ou mais a todos que precisam. Vez ou outra, tudo bem não estar disponível. Para permanecer centrado, às vezes precisa deixar o mundo mundano de lado um pouco, fazendo uma pausa das suas responsabilidades diárias para praticar o autocuidado. Presenteie-se com isso. Quando estiver servindo de ajuda, considere cada situação individualmente. Sempre leve em conta seus níveis de energia e limitações físicas e emocionais para medir até que ponto se doar. Essas considerações não o tornam egoísta, mas inteligente. É claro que existem casos em que servir de ajuda pode envolver um sacrifício enorme, como quando se é cuidador de alguém, o que elaborarei mais tarde. No entanto, geralmente, a doação saudável nutre você também.

Abaixo descrevo cinco estratégias para apoiar a doação saudável.

1. Doe-se Pouco, Não Muito

Valorize o poder dos pequenos presentes: um abraço, uma flor, uma salada fresca, um cartão de aniversário, três minutos do seu tempo em vez de uma tarde inteira. Algumas pessoas limitam suas doações a uma hora diária. Treine-se para poder se doar com qualidade em instâncias menores sempre que possível.

2. Estabeleça Limites com Compaixão e sem Culpa

Se você sentir que deve aceitar todos os pedidos, pratique como estabelecer limites. Pode responder: "Desculpe, não consigo comparecer, mas agradeço o convite" ou "Obrigado por oferecer, mas não consigo assumir mais compromissos no momento" ou "Adoraria ajudar, mas só tenho uma hora livre". Caso se sinta culpado quando estabelecer limites, não há problema estabelecê-los mesmo assim. Mudar o comportamento e colocar a mão na massa apesar dos seus medos e reservas pode preceder uma mudança de atitude. Você não precisa estar livre de culpa para estabelecer limites.

3. Fique Indisponível

Não é saudável ficar de plantão para os outros o tempo todo. Para preservar sua energia, por minutos, horas ou mais, desligue seus dispositivos eletrônicos, não atenda às ligações e pare de "fazer favores". Isso lhe concede uma pausa livre de demandas. Talvez seja surpreendente perceber que a maioria das pessoas consegue sobreviver sem você por um tempinho.

4. Reconheça Quando Estiver Farto

Há alguns limites para as doações que não podemos modificar porque nossa saúde mental ou física depende da manutenção deles, e já não há como encontrar um meio-termo. Uma amiga me disse: "Eu me divorciei porque nunca quis ter filhos e percebi que meu marido sempre seria um — uma criança que precisava de muita atenção". Essa foi uma decisão positiva para ela. Às vezes, proteger-se requer grandes mudanças. A aceitação pode ser difícil, mas é uma decisão sábia reconhecer que está na hora de seguir em frente.

5. Medite e Reze

Quando não houver mais nada que você possa fazer para ajudar o outro ou quando ele recusar sua ajuda, lembre-se de rezar pelo bem-estar dele e pela melhor solução para seu problema. É melhor fazer uma oração geral do que específica. Nos casos em que você não consegue curar a si mesmo ou aos outros — e não conseguir se livrar da dor — transforme o problema em uma oferenda criativa para as forças do amor e da cura. Permita que elas deem seu jeito mágico. Também disponibilizo aqui minha adaptação da Oração da Serenidade:

> Conceda-me serenidade
> Para aceitar as pessoas ou as coisas que não posso mudar
> A coragem para mudar o que posso
> E a sabedoria para saber discernir uma da outra.

Se estiver se esforçando muito para ajudar alguém, faça uma pausa. *Deixe o outro ser quem é, não tome por missão melhorá-lo.* Como um paciente prometeu: "Vou parar de tentar amar os sinais de alerta dos outros". Há hora de se doar e hora de se recarregar. A doação saudável é gentil, paciente e o faz sorrir — um presente de cura para você e para os outros.

A Devoção do Cuidado

O cuidado é uma oportunidade de ajudar alguém com uma enfermidade física, emocional ou espiritual. É uma chance de sua empatia brilhar. Seja você cuidador de meio período ou em tempo integral, os outros dependem de você, então pode ser que se sintam em um estado mais vulnerável com muitas necessidades.

Sei bem como ser um cuidador é um curso intensivo de empatia, autocuidado e como nos ensina a delegar tarefas. Monitorei os cuidados dos meus pais em períodos distintos quando adoeceram e acabaram falecendo. Essa responsabilidade sagrada fez meu coração aumentar e acionou uma série de emoções que nem sabia que tinha. Eu claramente já não era mais criança. É claro que sabia disso intelectualmente, mas há uma coisa tão final em sentar ao leito de seus pais e se tornar o responsável pelas decisões. Com lucidez e tristeza incisivas, minha mãe me disse alguns meses antes de morrer: "A hora de te apoiar e ouvir seus problemas acabou. Agora preciso canalizar todas as minhas energias para combater meu câncer". Ela e eu estávamos em um território completamente novo onde nossos papéis de mãe e filha foram invertidos.

Como cuidador, às vezes você ouve e sente coisas que nunca quis — mas que estão ali. Por meses, vi minha mãe sofrer dores e aflições terríveis ao deixar de ser o "ser" a que eu estava acostumada. Minha empatia com ela me perfurou, sua dor inflamando a minha. Exaustão, dormência, medo de abandono, raiva por perdê-la, admiração, amor e devoção passaram todos por mim a jato. Fiquei pensando *Quanto é possível sentir?* Muitas das minhas inseguranças que se esgueiravam sob meu exterior competente afloraram das profundezas. Minha lição de cura foi ter compaixão comigo mesma.

Cinco anos se passaram. Como cuidadora do meu pai, vi-o mergulhar na demência e perder sua mobilidade para a doença de Parkinson. Foi uma bênção estar ao seu leito de morte quando ele faleceu. Foi uma experiência extremamente íntima, dolorosa e emocionante. Acima de tudo, o que eu sentia era amor.

Nos anos 1990, quando meus pais adoeceram em períodos diferentes, eu não tinha aprendido as habilidades de ancoragem e proteção como a blindagem e o centramento que conheço agora. Elas poderiam ter me ajudado a me recuperar. Como filha única sem outros parentes por perto, foi demais para mim — e seria para qualquer pessoa sozinha. Mas também aprendi a acionar ajudadores profissionais que foram anjos na terra. Essas almas compassivas se sentaram com meus pais para que eu pudesse descansar, atender pacientes ou caminhar na praia.

Sou grata por ter podido trazer mais paz e estabilidade aos meus pais em seus últimos dias. Eles não precisavam estar sozinhos ou longe de um olhar amoroso. Eu era sua defensora, sua âncora; um rosto familiar e gentil em meio à tempestade. Meu pai disse aos outros: "Estou debaixo da asa da Judith".

Se você tiver a sorte de viver o suficiente, pode ser que seja chamado para ser o cuidador de uma pessoa amada. Não posso preparar você para as experiências e mudanças colossais por que passará, mas posso dizer que ser cuidadora dos meus pais foi um dos papéis mais importantes que já tive. Isso me ajudou a abrir o coração, desistir do medo e servir de ajuda para as pessoas preciosas e imperfeitas que me criaram e amaram.

Dicas Práticas para Cuidadores

Empatizar com você mesmo lhe permite estar presente para os outros. Doações saudáveis também significam se afastar da pessoa que está ajudando para meditar, dormir e cuidar da própria saúde, assistir a um filme engraçado ou falar com um amigo. Assim como ficar agarradinho com seu animal de estimação ou bichinhos de pelúcia para alimentar sua criança interior que costuma se perder no processo de cuidar do outro. Além disso, esteja você ajudando um amigo debilitado que quebrou a perna ou ajudando seus pais a passar por uma doença ou pelo fim da vida, aqui vão cinco dicas práticas para seguir.

1. Cuidado com a Generosidade Sufocante

Às vezes, você pode ajudar demais e sufocar as pessoas com sua generosidade. Apesar das boas intenções, sem saber, você acaba se tornando intrusivo, inconveniente ou inoportuno. Infantiliza o outro ao perguntar incessantemente: "Melhorou, querido? Está com dor?" Da perspectiva do destinatário, ele pode se sentir tratado como um bebê doente e indefeso. *Essa não é uma mensagem útil a se passar se alguém está dependendo de você.* É claro que não queremos minimizar o sofrimento alheio. Mas, ao olhar para uma pessoa adoentada, veja suas qualidades e imite tudo que ela tem de mais vivo para que ela possa ver também.

2. Analise as Vantagens e Desvantagens dos Superdoadores

Ser um superdoador oferece um senso de propósito de que estamos contribuindo para a vida de alguém. Além disso, isso causa benefícios reais para os destinatários. Os superdoadores têm muita energia. Cumprem o que precisa ser feito e defendem o paciente. Um sobrevivente de câncer em recuperação me disse uma vez: "Um superdoador me ajudou a passar pelas primeiras fases do tratamento ficando a par de todos os detalhes."

Ainda assim, os superdoadores podem estar compensando pelo seu medo de abandono ou de rejeição, exagerando nos cuidados. Sua motivação inconsciente é que, ao se fazerem indispensáveis, há menos chance de o outro os deixar. Na realidade, isso nem sempre é verdade.

Se você é um superdoador, aproveite suas qualidades, mas honre também o seu bem-estar. Você pode ficar energizado durante uma crise, mas cair aos pedaços quando ela acabar. Nessas horas, é terapêutico encarar a parede e dormir pelo tempo que for necessário. Mantenha o equilíbrio para que possa cuidar de si mesmo e ajudar o outro sem criar ressentimento.

3. Saiba Diferenciar Preocupação de Cuidado

Preocupação é quando você foca sua ansiedade em um alvo específico, como a saúde de alguém de que está cuidando. Preocupar-se cronicamente pode ser uma tentativa de controlar ou superar uma sensação de impotência.

Você também pode temer que, caso não se preocupe, não estará se importando o suficiente ou que algo ruim acontecerá — uma crença supersticiosa ou cultural. Por exemplo, tenho uma amiga que foi criada por uma mãe judia, como a minha, que poderia ter sido uma preocupadora profissional. Certa vez, quando meu companheiro ligou para dizer "oi", ela atendeu ao telefone sem ar: "Aconteceu alguma coisa? Tudo bem com você e a Judith?" Ele respondeu: "Está tudo certo. Por que pensou que não estava?" Ela disse: "Você nunca me liga". *Oy vey!* A preocupação foi um evento diário em nossos lares durante a infância e permeava nossas vidas.

É natural que cuidados legítimos se manifestem quando alguém está doente, *a preocupação traz o cuidado para a área do sofrimento.* Preocupar-se é humano. No entanto — e sei que pode ser difícil absorver isto —, *a preocupação não ajuda.* Se você está escalando uma montanha preocupado com todas as coisas estressantes que podem acontecer amanhã, será uma subida muito difícil.

Então, como cuidador, se você precisar se preocupar, respire fundo e solte o ar devagar. Fique no Agora em vez de projetar suas preocupações no futuro. Mantenha-se focado no momento presente para que a tarefa em mãos pareça mais praticável. Abordar uma pessoa adoentada relaxado e sem preocupação nos olhos a ajudará a se preocupar menos e se curar mais rápido.

4. Cultive a Tolerância e a Paciência

As pessoas que sofrem de dores, doenças agudas ou crônicas, ou têm mobilidade comprometida podem se irritar ou se comportarem mal facilmente. Durante minha residência de psiquiatria na UCLA, aprendi com os funcionários veteranos do hospital que os piores pacientes viviam mais; os melhores se iam facilmente. Não estou incentivando a vileza, mas às vezes é assim que pacientes com doenças sérias se prendem à sua força vital.

Ainda assim, se estiver cuidando de alguém rabugento ou vil, tente entender o que está acontecendo. Especialmente se a pessoa estiver morrendo, dê um desconto e pare de tentar mudá-la. Ela merece passar desta para a melhor do jeito que escolher, mesmo se, para nós, for difícil lidar com suas escolhas ou vê-las.

Ser tolerante significa conseguir "viver e deixar viver" sem corrigir as crenças ou comportamentos de alguém. Como cuidador, você pode precisar tolerar o comportamento frustrante ou a dor contínua do outro. Seja paciente com ele. As diretrizes para estabelecer limites saudáveis que forneci ao longo deste livro também ajudarão você a proteger sua energia.

Igualmente importante é ter paciência com você mesmo. Você está em uma situação de exceção e pode topar com episódios muito dramáticos. Tudo bem se sentir cansado e sem paciência. Caso o cuidado sobrecarregue você, faça uma pausa e se recentre. Lembre: *Sou uma pessoa empática e estou dando o meu melhor.*

5. Peça Ajuda e Recursos

Se estiver ajudando um portador de uma doença crônica ou terminal, buscar ajuda e delegar tarefas salva vidas. Entendo o impulso de querer fazer tudo sozinho. Afinal de contas, é você que mais conhece e ama o paciente — e talvez se sinta desconfortável em trazer um "estranho" para ajudar. Ainda assim, sua cura envolve aprender a pedir ajuda.

Há muitos jeitos de fazer isso. Se puder pagar um ajudante de meio período ou em tempo integral, utilize seus serviços para liberar espaço para você. Ou encontre alguém que possa limpar a casa periodicamente. Isso lhe fornecerá cada vez mais paz de espírito e um ambiente um pouco menos caótico.

Grupos de apoio para cuidadores estão disponíveis em igrejas, sinagogas ou outros centros espirituais locais, como as Unity churches nos Estados Unidos. Outros recursos incluem grupos de apoio ou luto ao câncer. Nos EUA, a NAMI, Aliança Nacional de Doenças Mentais, oferece uma central que conecta você a alguns serviços se estiver cuidando de alguém com doenças mentais.

Se essa não for a sua praia, talvez você se sinta mais confortável buscando apoio online. É possível participar de reuniões do Zoom ou chamadas em que pode simplesmente ouvir. Talvez não pareça instintivo buscar ajuda dessa forma. Ainda assim, encontrar pessoas que entendam pelo que você está passando é essencial para a sua saúde mental e física.

Quando o Cuidado Acaba

Pode chegar a hora em que já não é necessário ser um cuidador. Às vezes, essa transição pode ser um processo de luto que envolve liberar o trauma que você presenciou. Fase encerrada. É preciso seguir em frente. Mas como? Talvez você tenha uma crise de identidade e se pergunte: *Quem sou eu sem esse papel?* Sinta todas as emoções que surgirem, busque ajuda quando preciso e reivindique a parte em você que se dedicou a ajudar o outro. Isso impedirá que fique preso no modo cuidador ou de sobrevivência.

Por alguns meses intensos, dediquei-me completamente a ajudar uma parente a se recuperar de uma cirurgia nas costas. Felizmente, seu processo de recuperação progrediu até o ponto de ela já não precisar da minha assistência. Foi natural que eu sentisse fadiga e decepção quando minha experiência como cuidadora terminou. Mas, para me recuperar, também precisei reivindicar uma quantidade gigantesca de energia que eu direcionara para ela. Então, meditando, conscientemente pedi que aquela energia — que girava em torno de 20% das minhas reservas totais — retornasse para mim. Eu me disse a verdade: *Ela está muito melhor agora e tem o suporte adequado. Meu trabalho de cuidadora terminou.* Isso me reconectou com minha vitalidade total e me permitiu aceitar o fim desse período.

É comum que o cuidado tenha um início e um fim. Ao iniciar seu papel de cuidador, tenha empatia com você mesmo. Ao deixá-lo, tenha empatia com você mesmo. Nunca esqueça que essa experiência é momentânea. Lembre-se de olhar para as estrelas e os céus para que saiba que nunca está sozinho. Há uma mão invisível guiando você, basta se permitir senti-la.

EMPATIA EM AÇÃO

Meditação para Cuidadores

No conforto da sua casa ou em um local seguro, inspire e respire fundo. Com compaixão, permita-se localizar qualquer estresse que se acumulou no seu corpo. Os ombros estão tensos, e o pescoço? A cabeça está desfocada? Está se sentindo cansado ou irritável? Era de se esperar. Tenha empatia por toda aflição ou dor, todo surto de ansiedade, preocupação, depressão ou exaustão que sentir. Respire amor em cada um deles. Tenha paciência com você mesmo. Você está servindo de ajuda para outra pessoa, um ato glorioso de empatia. Reconecte-se com sua energia e espírito. Você está crescendo. Está se doando. Está evoluindo seu coração. Sinta a incisividade e o poder dessa oportunidade.

8

Narcisistas, Sociopatas e Psicopatas

O que É um Transtorno de Déficit de Empatia (TDE)?

HÁ GENTE QUE NÃO é neurológica ou emocionalmente programada para ter empatia. Os cientistas comportamentais definem essa condição como "transtorno de déficit de empatia", no qual o indivíduo foca somente as próprias necessidades e negligencia os sentimentos alheios ou não se importa com eles. Essas pessoas não têm noção de certo e errado.

Treinarei você para reconhecer essas personalidades nocivas e ardilosas, sendo que todas elas podem intimidar e violentar. Assim, você não se deixará seduzir pelo charme ou promessas vazias que trazem. Para proteger sua própria empatia, é preciso perceber que *essas pessoas não são suas aliadas.*

Ainda assim, já vi muitos pacientes compassivos com dificuldade para entender essa incapacidade de empatia. Assim como eles, você pode pensar *Como isso é possível?* Talvez infira: *Se eu conseguisse fazer ______, poderia ajudar a curar essa pessoa, e ela mudaria.* Eu bem queria que isso fosse verdade, mas sei, pelos meus anos de experiência clínica, que não é (apesar de estarmos sempre aprendendo mais sobre os transtornos de déficit de empatia). Talvez você não perceba que, se uma pessoa amada ou um colega sofre dessa condição, não há como contornar isso.

Alguns dos meus pacientes têm empatia demais por pessoas assim e permanecem em um estado de negação. Eles me dizem: "Entendi, Judith. Mas ______ é exceção. Teve uma infância tão triste. Consigo sentir seu verdadeiro potencial". Então, com as melhores intenções, meus pacientes continuam tentando ganhar o amor ou curar a dor dessas pessoas e sofrem muito no processo até chegarem ao fundo do poço com esse relacionamento e acabarem desistindo. Certamente, é difícil desistir de alguém ou ver seus defeitos, mas dedicar empatia àqueles que não conseguem retribuir não os transformará nos indivíduos sentimentais que você estava esperando. Como meus pacientes, talvez nunca entenda direito como alguém realmente carece de empatia, mas pode ao menos aceitar a realidade da situação.

Então, como parte da sua curva de aprendizado, vamos explorar a natureza de um transtorno de déficit de empatia, como identificar esses traços nos outros e como nos proteger. Mantenha em mente que os portadores desse transtorno, como os narcisistas, querem que você reconheça como eles são poderosos, enquanto aqueles que realmente se importam querem que veja como você é poderoso.

O Espectro da Empatia

Pensar na empatia como um espectro ajuda. No meio estão as pessoas com a admirável qualidade da "empatia cotidiana", o impulso gentil de se importar com os outros. No próximo nível estão aqueles extremamente sensíveis que sentem a intensidade da vida, mas também tendem a ficar sobrecarregados, como no caso da sobrecarga sensorial por causa de barulhos ou da luz. Os empatas estão no topo do espectro. Eles têm todos os traços das pessoas extremamente sensíveis, mas podem ser esponjas para as emoções alheias. No final do espectro estão aqueles com transtornos de déficit de empatia. São os narcisistas, sociopatas, psicopatas e valentões que abordaremos.

Não há caminho errado se ele trouxer aprendizado. Alguns caminhos são apenas mais dolorosos.

Você escolhe com quem se relaciona. Mas como muitas pessoas, especialmente se tentar ver o melhor nos outros, talvez nunca tenham lhe ensinado sobre os transtornos de déficit de empatia. Um tema recorrente em *O Dom da Empatia* é valorizar as próprias necessidades e impor limites com pessoas destrutivas, negligentes ou que nos machucam de alguma forma. Há muitas crianças e adultos que estão presos em relacionamentos nada saudáveis e sofrem horrores. Se você fez escolhas ruins em seus relacionamentos no passado, aprenderá a ser mais esperto agora. Este capítulo é seu guia para identificar pessoas com esses transtornos e lidar com elas.

Tipo 1. O Narcisista

Nesta seção, estou me referindo às pessoas com transtorno de personalidade narcisista, ou TPN, não às que têm um ou outro traço narcisista e talvez ainda tenham capacidade para empatia e crescimento caso façam o acompanhamento psicológico para se curarem.

Como Narciso, a figura trágica da mitologia grega que se apaixonou pelo próprio reflexo em um riacho, os narcisistas são apaixonados por si mesmos. Tudo sempre se trata deles. Em qualquer encontro há apenas uma única pessoa presente — e não é você! Apesar de algumas pessoas com narcisismo serem intragáveis e nos afastarem com seus egos gigantescos, a maioria pode ser inteligente, sagaz, interessante e charmosa. São ótimos em interpretar o ambiente. Como especialistas em sedução, eles nos atraem dizendo exatamente o que queremos ouvir, inclusive que nosso relacionamento com eles tem um potencial incrível.

Inconscientemente ou de propósito, eles sabem como canalizar a energia do coração. Na verdade, costumam fazer uso do bombardeio de amor, uma técnica de sedução que, no curto prazo, faz com que nos sintamos tão especiais que acabamos aceitando a situação. Ela pode incluir nos fazer elogios, dar presentes, pedir desculpas pelo comportamento ruim, expressar sentimentos intensos rapidamente, mandar mensagens ou fazer ligações constantes ou dizer todas as palavras que sempre sonhamos em ouvir. As pessoas com narcisismo podem parecer empáticas ou mesmo se apresentarem como nossa salvadora, passando a mensagem de que *Tenho todas as respostas para seus problemas*, mas são mestres do disfarce.

Seus relacionamentos são transacionais: "Faço isso para você, se fizer isso para mim". Um padrão típico de alguém com esse transtorno é idealizar o outro, então diminuí-lo e, finalmente, descartá-lo. Se discordarmos da pessoa ou resistirmos a seus planos, ela se torna fria, fechada e busca nos punir, o que pode nos fazer sentir abandonados. Então é preciso ganhar sua aprovação de volta. Ela nos exaure com todos os obstáculos que precisamos atravessar só para lhe dar gosto. Além disso, pode nos manipular com *gaslighting*, fazendo com que pensemos que nossa reação é "loucura" e duvidemos de nós mesmos. Por exemplo, se seu companheiro teve um caso, ele pode tentar negar, mesmo tendo sido pego no flagra ou tentar argumentar: "Você que está sendo paranoica e exagerando as coisas. Só saímos para tomar um café".

Além disso, os narcisistas costumam manipular os outros usando uma técnica de defesa psicológica conhecida como projeção. Se você disser: "Estou magoado com a sua raiva", eles usarão isso contra você e dirão: "Não estou com raiva. Você que está". Então, se tentar questioná-los ou se defender, eles comunicarão implícita ou explicitamente: "É do meu jeito ou nada feito". É compreensível que essas atitudes não combinem bem com a intimidade.

Os narcisistas costumam repetir a mesma mensagem tóxica diversas vezes, como "Você é tão incompetente", até você começar a acreditar. A repetição é uma técnica de persuasão bem conhecida e muito usada em anúncios. De acordo com estudos de psicologia, repetir palavras e frases simples pode convencer as pessoas de que a mensagem é verdade, quando, na verdade, não é.

Alguns exemplos históricos e famosos de líderes com transtorno de personalidade narcisista incluem Júlio César, Napoleão e Maria Antonieta, que notoriamente ignorou as necessidades dos "plebeus" parisienses que estavam passando fome, o que ajudou a alimentar a Revolução Francesa.

As pessoas com narcisismos costumam ter a maioria dos seguintes traços de personalidade, ou mesmo todos. Ainda que alguém apresente apenas um ou poucos deles, é provável que tenha uma tendência narcisista.

Traços Comuns de Pessoas Narcisistas

- Precisam de admiração, elogios e validação.
- São grandiosos, manipuladores e mimados.
- Não têm empatia.
- Dominam e diminuem os outros.
- Jogam migalhas emocionais para manter as pessoas por perto.
- Manipulam com *gaslighting* e mentem.
- Fazem bombardeios de amor.
- Punem os outros com frieza, tratamento do silêncio e outras formas de abandono.

O narcisismo pode corresponder a uma das seguintes categorias: o tipo grandioso (explícito) e o vulnerável (implícito ou velado). O grandioso é o primeiro que nos vem à mente quando pensamos em narcisismo. São pessoas que gostam de contar vantagem e ser o centro das atenções, sentir-se importante e se rodear de indivíduos "leais" que só sabem concordar com elas. Podem ser obcecadas com a aparência, o sucesso e a riqueza. Costumam projetar para o mundo a imagem de uma pessoa maravilhosa, mas em particular destratam e exploram pessoas queridas. Alguns narcisistas exalam um carisma intoxicante e desvairador.

Por outro lado, o tipo vulnerável é mais escondido, sutil e difícil de reconhecer, já que prefere ficar fora dos holofotes. Ele pode ser fechado por conta de suas inseguranças, baixa autoestima, ansiedade ou depressão. Ainda que suas vulnerabilidades sejam reais, esse narcisista também pode usá-las para manipular os outros. Feito um lobo em pele de ovelha, pode parecer um doce de pessoa, até tímido, discreto e gentil. Mas depois usam a generosidade para controlar os outros, de modo que sintam que lhe devem alguma coisa. A gratidão e a carência o alimentam. Ele também pode bancar a "vítima", apelando para a simpatia alheia.[1]

Há vários graus do transtorno de personalidade narcisista, de um lado, aqueles que não têm empatia e manipulam, de outro, as versões mais abusivas, agressivas e sádicas, seja do tipo grandioso ou do vulnerável. Como o líder espiritual Paramhansa Yogananda comentou sobre certas personalidades destrutivas: "Algumas pessoas tentam ser mais altas cortando fora a cabeça das outras."[2]

Ao chegar em casa depois de um longo dia de trabalho, um narcisista provavelmente não vai perguntar: "Como foi seu dia?"

O que São Suprimentos Narcisistas?

As pessoas com narcisismo querem primeiramente exercer poder sobre as outras, não compartilhar da afeição, do amor ou de pontos de vista diferentes. Elas são alimentadas pelos elogios, empatia, atenção e nossa aceitação e adoração. Têm uma necessidade insaciável de serem reconhecidas pela sua grandeza, o que é conhecido como "suprimento narcisista".

Os narcisistas se sentem poderosos quando enganam e manipulam o outro, uma sensação de dominância que alimenta seu suprimento. Quanto mais confuso e emocionalmente afetado você estiver, melhor. Eles adoram vê-lo perder o chão, o que comunica seu controle sobre você. Essas pessoas também conseguem seus suprimentos por meio da sedução, raiva, punição, intimidação e violência. Sua falta de empatia facilita destratarem os outros sem demostrar remorso.

As Causas do Narcisismo

Que fatores contribuem para o narcisismo? Os narcisistas nascem ou se tornam assim? Na verdade, tanto a criação quanto a genética têm seu papel no transtorno.

Ele está ligado a um trauma de apego na infância no qual a criança não se ligou aos pais ou não foi amada ou protegida por eles (cujo estilo pode ser superprotetor ou negligente). Então elas lidam com esse problema desenvolvendo habilidades como manipular e controlar as pessoas e o ambiente ao seu redor. O exemplo dos pais também pode ser um fator. Algumas crianças imitam os comportamentos de seus pais narcisistas. Além disso, pesquisas indicam que certos traços são herdados geneticamente, como no caso de personalidades grandiosas e mimadas.[3] Ainda não são conhecidas todas as causas desse transtorno, e os estudos nessa área continuam.

Pessoas com narcisismo jamais se perguntariam: "Será que sou narcisista?" Elas nunca assumem a culpa.

O Narcisismo Pode Ser Curado?

Na minha experiência, é difícil, se não impossível, progredir com narcisistas na psicoterapia. Eles podem aprender a se adaptar de modo a parecerem menos controladores e egoístas, mas, com um pouco de pressão ou decepção, seus comportamentos manipuladores costumam voltar à tona.

O *Manual Diagnóstico e Estatístico de Transtornos Mentais* (DSM-5) da Associação Americana de Psiquiatria categoriza o narcisismo e a sociopatia (a psicopatia não está incluída no manual) como transtornos de personalidade e condições que resistem ao tratamento. Normalmente essas pessoas não conseguem ou não querem assumir a responsabilidade pelo seu papel nos conflitos, então culpam os outros. Sua reação é: "Quem, eu? Não fiz nada de errado". *As pessoas com narcisismo ou acreditam nas próprias mentiras ou sentem que estão no direito de espalhá-las.* Se é para terem alguma esperança de melhorar, precisam trabalhar com um psiquiatra ou outro profissional de saúde mental que recebeu formação para tratar dessa condição. Já perdi a conta de quantos terapeutas inexperientes já vi que são enganados pelos narcisistas, acabando por acreditar no seu lado da história e demonizando os companheiros, sócios ou familiares do paciente.

As terapias de trauma, inclusive a terapia de dessensibilização e reprocessamento por meio dos movimentos oculares, ou EMDR, podem ajudar as pessoas com traços narcisistas. Alguns psicanalistas acham que fazer análise por muitos anos pode ajudá-las. Além disso, programas de doze passos também podem ser úteis para alguns narcisistas.

Programas como o Alcoólicos Anônimos (AA) e Al-Anon enfatizam a humildade e o serviço. As pessoas com esse transtorno podem aprender gradualmente, ao menos em parte, a se doarem e serem tolerantes — e se monitorarem quando recaírem. Um membro do AA de 31 anos, antigo vigarista viciado em cocaína e narcisista convicto, já me disse que, antes de ficar limpo, nunca nem pensou que os outros também tinham necessidades! Agora ele faz questão de ajudar ao menos uma pessoa por dia.

Como Se Proteger de um Narcisista

Se estiver envolvido com alguém que tem narcisismo, especialmente se for alguém de quem você não consegue escapar, como um supervisor, colega de trabalho ou parente, tenha empatia com você mesmo. Caso seja pego nas manipulações dele, simplesmente se recomponha e recomece. Recentrar-se faz suas escolhas ficarem mais claras. Você também pode seguir estes oito passos para se proteger:

1. Identifique as frases que pessoas com narcisismo costumam falar:
    - "Como isso me ajuda?" ou "O que ganho com isso?"
    - "Minhas ex são todas malucas."
    - "Você está exagerando. Não foi isso que eu disse."
    - "Você sempre interpreta as coisas errado."
    - "Você está sendo irracional."
    - "Qual o seu problema?"
    - "Não sou mais importante que seus amigos?"
    - "Não é culpa minha. Você que me fez agir assim."
2. Perceba se alguém exibe os seguintes comportamentos narcisistas:
    - Só fala de si mesmo sem perguntar sobre você.

- Tem nariz em pé e oferece conselhos não solicitados.
- Culpa ou humilha você.
- Não mostra empatia com sua dor e volta a conversa para o próprio sofrimento.
- Mostra pouco interesse em você, a não ser que queira alguma coisa.

3. Crie um pequeno desentendimento.

   Caso não tenha certeza se alguém tem narcisismo, provoque um pequeno conflito. Eles normalmente são agradáveis se conseguirem o que querem. Mas quando você diz "não", os narcisistas já não se mostram tão legais. Se lhes disser "Não consigo te encontrar hoje", talvez revidem dizendo "Você não valoriza nossa amizade" ou percam a educação e o culpem. A reação deles ajudará você a entendê-los com exatidão enquanto pessoas. (Talvez se sinta mais confortável confrontando-os tendo o acompanhamento de um terapeuta para lhe oferecer apoio.)

4. Abra mão da negação.

   Talvez você crie desculpas para os narcisistas ou fique na esperança de que seu comportamento mudará. Em vez disso, veja a situação de forma realista, mesmo que seja doloroso, para que possa praticar o autocuidado.

5. Reduza suas expectativas.

   Você sempre se sentirá sozinho emocionalmente quando se relacionar com um narcisista. Aceite que ele não pode lhe fornecer amor incondicional ou empatia. Recorra a outras pessoas para se nutrir e alcançar intimidade.

6. Não dependa de um narcisista para reconhecer o seu valor.

   Já que as pessoas com narcisismo querem exercer poder sobre você, elas costumam diminuí-lo para alcançar isso.

Cuidado, não tente ganhar delas o afeto que não obteve dos seus pais. Saiba o seu valor, não as procure para obter validação.

7. Alimente seus egos.

   Com chefes, sogros ou outra pessoa que você não pode abandonar, mostre como a sua ideia os beneficiará. Atenha-se aos fatos, não às emoções. Por exemplo: "Seu negócio terá uma vantagem financeira se eu tirar férias nessas datas". Por mais que seja tedioso massagear seus egos, seu pedido será atendido com mais frequência se utilizar essa técnica.

8. Esteja ciente dos seus gatilhos emocionais.

   Não brigue com pessoas narcisistas — isso só alimenta seus suprimentos. Se estiver se sentindo afetado, respire fundo e saia de perto delas assim que possível para se recentrar antes de reagir.

Terminando um Relacionamento com um Narcisista: Cortando o Suprimento

Se estiver pronto para dizer adeus a um narcisista, perceba que haverá uma resistência. *Quando seu suprimento é cortado, ele entra em desespero e fará de tudo para conseguir o que quer.* É raro narcisistas saírem da sua vida tranquilamente. Eles não dirão (com sinceridade): "Entendo e apoio sua decisão. Desculpe ter te machucado". Em vez disso, tentarão fazer você questionar os próprios motivos para terminar.

Abandone toda a esperança de que alguém com narcisismo vai mudar.

Pessoas sensíveis e amáveis desperdiçam muita empatia tentando entender narcisistas ou lhes conceder o benefício da dúvida. Elas continuam no relacionamento por tempo demais esperando que a pessoa mude. Empatizar com alguém que não está interessado em mudar é contraprodutivo. Nesses relacionamentos, você precisa se salvar primeiro. Pare de tentar consertar a pessoa ou expressar suas emoções. Em vez disso, canalize toda essa empatia para se curar, de modo que possa encontrar relacionamentos em que ambas as partes se importam.

A autoempatia significa se dizer o seguinte:

- *Não fiz nada de errado. Não é culpa minha ter sido atraído para essa situação. Nunca me ensinaram nada sobre narcisismo.*
- *Passei por momentos de agonia. Estou exausto. Estou acabado. Tentei demais fazer esse relacionamento funcionar. Agora que estou terminando, preciso me rejuvenescer e deixar meu processo de cura começar.*

Para recuperar seu poder e mudar a dinâmica no fim do seu relacionamento, estabeleça limites claros e atenha-se a eles. Se ainda precisar ter contato com o narcisista, informe suas necessidades com frequência. Permaneça neutro. Se não puder cumprir um pedido dele, diga "não" de maneira centrada e definitiva. Por exemplo: "Não, não consigo ficar perto de você se for mal-educado e ficar despejando sua raiva em mim". Seja qual for sua lista de nãos, comece a expressá-los com confiança.

O método pedra cinza também pode ajudar você a lidar com as manipulações narcisistas. Seu objetivo é se tornar imperturbável, feito uma pedra cinza. Evite contato visual ou interações físicas prolongadas, como abraços ou apertos de mão obrigatórios. Mantenha-se firme e impassível. Não se deixe afetar ou criar drama. Essas pessoas se alimentam de conflitos e surtos. Se há um problema para resolver, busque soluções e mantenha as interações curtas. Limitar sua exposição e não morder a isca corta os suprimentos narcisistas e reduz seu comportamento destrutivo.

Às vezes é possível chegar a um afastamento completo; por exemplo, se vocês não tiverem filhos juntos ou se a pessoa com narcisismo não for um colega de trabalho ou parente com quem você precise interagir. Também é possível escolher se distanciar de contatos mais periféricos, como no caso de prestadores de serviços. Só porque você recorreu a eles por anos, não significa que precisa continuar.

Se não houver nenhum laço que o una a um parceiro com narcisismo, e você estiver pronto para deixá-lo, o melhor é fazê-lo de uma vez só. Isso quer dizer cortar contato. Não checar as redes sociais dele para ver o que está fazendo. Bloqueá-lo nesses sites, bem como no celular. Então, você não precisará ceder a seus joguinhos mentais ou tentações para ficar. Estará livre.

Quando você para de uma vez só, precisará aguentar o desconforto e as vontades que vêm ao deixar esse relacionamento. Pode parecer que está abandonando uma droga pesada. Esteja pronto. Continue respirando fundo apesar da dor. Vai melhorar.

Para ter ajuda, não hesite em buscar um terapeuta ou um coach especializado em narcisismo e recuperação de traumas. Além disso, você pode participar de programas de doze passos sem custo adicional para formar relacionamentos mais saudáveis, como o Codependentes Anônimos (CODA), disponível online e presencialmente. Receber encorajamento e apoio facilitará sua jornada.

Quanto Tempo Leva para nos Curarmos de um Relacionamento Narcisista?

Recuperar-se desse tipo de relacionamento inclui recuperar a autoempatia também. Ao terminar, é comum nos sentirmos extremamente aliviados. Então vem um baque quando nosso medo, raiva, desejo de vingança e dúvidas chegam de fininho. Esses sentimentos são naturais, mas lembre-se de que ser feliz é a melhor vingança. Permita que suas emoções venham à tona no espaço seguro do seu diário ou com um ouvinte cheio de compaixão. Não os coloque em prática nem os mostre ao narcisista. Quanto mais você se distanciar dele, mais rápido vai se curar.

Quanto tempo leva a cura? Nos primeiros dias e meses após a separação, vi pacientes sentirem um alívio bem-vindo por alguns momentos passageiros, depois por horas, depois por períodos maiores. Com o passar do tempo, o alívio dura mais. A autoestima dos pacientes aumenta se colocam essa abordagem em prática constantemente e continuam se mostrando empatia.

Para ajudar você a se separar com sucesso de um narcisista, use também a visualização do corte da corda, adaptada do *The Empath's Survival Guide*. Esse exercício o ajudará a deixar o relacionamento acabar e removerá qualquer conexão que você ainda sinta.

Cortando a Corda

Em um estado de espírito calmo, visualize feixes de luz conectando vocês dois. Afirme em voz alta ou em silêncio: "Este relacionamento acabou. Está na hora de cortar nossos laços para sempre". Então se imagine pegando uma tesoura e cortando cada vínculo completamente de modo que todos os laços energéticos sumam.

A próxima fase da cura é focar a vida que você quer criar. Uma vez que deixar o narcisista, não fique remoendo o passado ou o que o outro está pensando ou com quem ele está. Dirija todos os seus pensamentos e ações positivos para fazer o bem a si mesmo e ao mundo.

Cuidado com Estas Técnicas de Manipulação

Se estiver pronto para se despedir, perceba que as pessoas com narcisismo podem aumentar seus consideráveis poderes de sedução e persuasão para fazer você mudar de ideia. No entanto, quando o ataque começar, não arrede o pé. Mantenha-se firme e consistente. Cuidado com os seguintes joguinhos mentais que eles usam para controlar você.

Hoovering

Com uma sinceridade mais que aparente, um parceiro pode continuar tentando atraí-lo de volta com promessas vazias como: "Não posso viver sem você", "Vou fazer terapia" ou "Vou passar mais tempo com você e as crianças. Vou mudar". Ele tenta incansavelmente exaurir sua resistência.

Ou o narcisista manda uma mensagem que faz com que você se sinta especial, como "Que saudade de te ver. Só penso em você". Você se pergunta *Talvez ele realmente valorize nosso relacionamento* ou *Ele foi maltratado no passado, não me chamou de "idiota" de propósito.* Então você duvida de si mesmo e, quando vê, está de volta nas garras desse relacionamento.

Se não responder, o narcisista pode aumentar a intensidade do *hoovering*, aparecendo à sua porta sem avisar, mandando flores e presentes, ou ligando para você e desligando na sua cara, ou deixando várias mensagens na caixa postal. Talvez ele até contrate um detetive particular para rastrear suas atividades, visando encontrar evidências incriminadoras para usar contra você.

Elogios Falsos

Pessoas com narcisismo acreditam que os outros recebem elogios tão bem quanto elas. Então manipulam você para que faça o que desejam. Usarão bajulações para tirar vantagem. Se você se incomoda de ser tímido e introvertido, talvez digam: "Adoro gente quieta e pensativa. É tão raro encontrar pessoas assim". Ou, caso se sinta desvalorizado no trabalho, talvez falem: "Você é tão respeitado na sua área. Eu te admiro muito, sério". É claro que ser valorizado é muito bom, mas esses elogios estratégicos exageram na dose. Os narcisistas só os usam para manipular e atrair você.

Negging

Negging é um termo que surgiu recentemente na cultura popular e nas redes sociais. Ele ocorre quando alguém faz um elogio disfarçado de insulto ou passa uma mensagem confusa como "Você está tão mais atraente agora. Está malhando?" Você pensa *Oi? O que ele quis dizer com isso?* O *negging* é usado para diminuir sua confiança e fazê-lo questionar suas certezas. Caso sempre esteja tentando decodificar os comentários ou o comportamento de alguém, pode ser um sinal dessa tática.

Virando Pessoas Queridas Contra Você

Os narcisistas jogam sujo. Quando você resiste às suas manipulações, eles podem ameaçar a comprometer seus relacionamentos ou status na comunidade. Fazer da sua vida um suplício restaura a sensação de poder deles sobre você. Já que têm um transtorno de déficit de empatia e não têm consciência, eles não se sentem incomodados em machucar você. Na verdade, sentem que estão no seu direito.

Dessa forma, os narcisistas não hesitarão em falar mal de você para seus filhos, colegas ou qualquer um que esteja disposto a escutá-los. Ou espalharão mentiras sobre você a fim de que as pessoas que ama fiquem do lado deles, dizendo que você "não serve para ser pai/mãe", "é egoísta" ou "não tem responsabilidade". Como parte da campanha de difamação, os narcisistas lutarão pela guarda dos filhos e limitarão seus direitos de visita. Então, nos dias em que você deveria pegar as crianças, "esquecerão" de aparecer. Essas manobras aumentam sua sensação de importância e controle, o que continua alimentando seu suprimento.

Não se pode ganhar do narcisista no jogo dele. O ideal é simplesmente não jogar.

Apesar de talvez parecer que minha abordagem vai contra seu instinto de revidar verbalmente e se proteger, perceba que, assim, você *está* fazendo essas coisas, mas de maneiras mais discretas e inteligentes que enfraquecem o poder do narcisista sobre você. Ainda afirma suas necessidades, mas permanece centrado em vez de reagir às artimanhas dele.

O budismo compara esse tipo de prática emocional rigorosa a "aprender a domar o touro de trás para frente". O touro é um símbolo de estabilidade, mas na vida é preciso aprender a domá-lo com calma (às vezes de trás para frente) em circunstâncias tumultuosas, bem como em períodos de prosperidade, mais agradáveis.

Enquanto se liberta do relacionamento, saboreie o engatinhar do seu progresso. Se conseguir deixar de lado o caos e a dor de lidar com um narcisista, a experiência se torna uma lição digna de como praticar a autoempatia, repelir a escuridão da natureza humana e conhecer o próprio valor e poder.

Tipo 2. O Sociopata e o Psicopata

As pessoas com narcisismo e as portadoras do transtorno de personalidade antissocial (sociopatas) compartilham muitas características, como uma autoimagem inflada, poderes de persuasão e manipulação gigantescos e falta de empatia. Esses pontos em comum explicam por que essas pessoas costumam ser diagnosticadas com ambos os transtornos. No entanto, nem todos os narcisistas são qualificados como sociopatas. De modo geral, os portadores do transtorno de personalidade antissocial são conhecidos pelo comportamento irresponsável e impulsivo. Arrumam problemas com a lei e podem acabar sendo presos. Por outro lado, os narcisistas enganam melhor, motivados por uma forte necessidade de aparentarem beleza e sucesso, bem como de serem admirados. A opinião alheia importa mais para um narcisista do que para um sociopata.

Famosos com transtorno de personalidade sociopata incluem Bernie Madoff, o gestor financeiro que fraudou os investimentos de milhares de aposentados e outros; Ted Bundy, um assassino em série que seduzia as vítimas com seu charme; Aileen Wuornos, uma das homicidas mais famosas; e Charles Manson, o carismático líder da seita e assassino. Esses sociopatas famosos, bem como outros portadores desse transtorno, têm em comum as seguintes características.

Traços Comuns de um Sociopata

- Desprezam as regras sociais e são vigaristas.
- Ficam animados com a adrenalina de explorar você financeiramente.
- Não sentem remorso por enganar você.

- Comportam-se de forma destrutiva e perigosa, além de apresentarem um traço de gostar de correr riscos.
- Mostram raiva e fúria.
- Reconhecem o que estão fazendo, mas racionalizam seu comportamento.
- Não conseguem manter uma vida profissional ou familiar normais.

Para determinar se alguém é sociopata, preste atenção no seu comportamento, não nas palavras. Pergunte-se *Eles gostam de correr riscos? Será que eu faria isso? É seguro?* Com seu charme, eles podem tentar convencê-lo que furtar produtos em lojas é empolgante ou que tal investimento é "dinheiro na certa". Perceba se estão dispostos a prejudicar os outros para conseguirem o que desejam. Também confirme com sua intuição. Você se sente confortável com as ideias dessa pessoa? Sente um alerta vermelho soar dentro de você? Se for o caso, talvez esteja lidando com um sociopata.

Outra personalidade carismática dos transtornos de déficit de empatia é o psicopata. Ele é a versão mais extrema, letal e ardilosa tanto do sociopata quanto do narcisista, apesar de não ter um diagnóstico oficial no DSM-5. Os psicopatas podem fingir se importar com os outros, mas não se importam. Além disso, às vezes eles mantêm a fachada de uma vida familiar normal para encobrir suas atividades criminosas. São mestres do controle e assassinos de sangue frio. Matam muito mais facilmente porque não sentem nenhuma consequência em seu íntimo. As pessoas com esse transtorno também têm a habilidade assustadora de convencer você a abandonar a moral e o senso comum a ponto de se submeter a sua dominação.

O que leva alguém a se tornar um sociopata ou um psicopata? As pesquisas sugerem que defeitos e feridas no cérebro, bem como traumas de infância, podem contribuir para essa condição.[4] Outros teorizam que seu sistema nervoso autônomo, que desencadeia a resposta de luta ou fuga, não se ativa tanto em situações ameaçadoras. Dessa forma, há menos "mecanismos de pausa" no seu comportamento. Alguns estudos propõem que os psicopatas não respondem tão bem aos estímulos de relaxamento do nervo vago, o qual ajuda a criar segurança nos relacionamentos. Sua abafada resposta emocional ao perigo os mantem calmos em situações em que outros sentiriam medo.[5] Na verdade, pesquisas sugerem que mesmo se os psicopatas parecerem agitados, eles podem se acalmar quando estão machucando outras pessoas.[6]

Alguns dizem que sociopatas são feitos e psicopatas já nascem assim.[7] Psicopatas têm um padrão de comportamento estável durante toda a vida, mas pode ser que as ações de um sociopata advenham de situações como estar envolvido com "gente errada" na escola ou ser criado em uma cultura que glorifica o estilo de vida criminoso, apesar de essas ideias não serem consenso em todos os círculos profissionais. Estou animada para ver o que as novas pesquisas trarão.

Mesmo que os narcisistas sejam mais comuns do que sociopatas e psicopatas, algumas diretrizes similares podem servir para lidar com todos eles. Idealmente você pode evitar esse relacionamento. Não há muito a "ganhar" em se envolver com pessoas assim, independentemente do quanto pareçam sedutoras ou convincentes. Se um membro da sua família com quem você tem contato continuamente for um deles, pratique estabelecer limites claros e não se deixe arrastar para esquemas financeiros ou criminosos. Caso seu chefe seja um deles, seria razoável procurar outro emprego e sempre se recusar a participar em quaisquer negócios suspeitos. É claro que os psicopatas podem apresentar uma ameaça física para os outros e ter um apelo carismático a que você precisa resistir. Desconfie de pessoas muito carismáticas até elas provarem que são confiáveis e que suas ações refletem suas palavras.

Lidando com Valentões

Valentões em série costumam exibir tendências narcisistas, sociopatas ou psicopatas e talvez tenham algum transtorno de déficit de empatia.[8] Eles podem ser grandiosos e arrogantes, diminuindo as conquistas e as qualidades alheias.

São famosos por mirar pessoas que percebem como "diferentes", fracas, com muitos defeitos ou que não conseguem se defender. O que eles querem, afinal? Principalmente ter poder sobre os outros (já que no fundo se sentem impotentes), o que conseguem injuriando e desumanizando o próximo.

Qual sua motivação? Alguns fatores incluem o medo das diferenças das pessoas, traumas não resolvidos, baixa autoestima, ego frágil, insegurança e maus exemplos no lar. Muitos têm o maior prazer em serem cruéis ou buscarem vingança. Inconscientemente, aqueles que intimidam e violentam sentem *Se eu fizer essa pessoa ser errada, inferior ou "estranha", tenho todo o direito de sentir ódio, raiva e destratá-la. Negar seu valor e fazer meus amigos se juntarem contra ela* (mentalidade de manada) *me confere controle sobre essa pessoa.* Entender essa dinâmica nunca justifica tal comportamento. Simplesmente explica o que o motiva e o que inibe a empatia dos valentões. Nos círculos de psiquiatria, esse mecanismo de defesa para lidar com o medo e os traumas é conhecido como despersonalização, no qual a pessoa se impede de se identificar com as outras ou as desumaniza. Para proteger sua empatia e sua paz de espírito, pratique as seguintes estratégias com os valentões.

Dicas para Lidar com Pessoas Que Intimidam e Violentam

- Conte a alguém de confiança sobre o comportamento dos valentões em vez de mantê-lo em segredo por vergonha. Informe seus pais, companheiro, bons amigos, coordenador ou a equipe de recursos humanos no trabalho que pode oferecer apoio.
- Pare de esperar que o valentão empatize com você — não é o caso da maioria.
- Desista de tentar entender o valentão. Aceite que ele está machucado e realmente pode prejudicar outras pessoas.
- Não reaja emocionalmente às táticas do valentão. Ele se sente poderoso ao dominar os mais fracos. Mantenha a calma. Abandone a situação o mais rápido possível.
- Caso seu parente intimide ou violente emocionalmente os outros, sente perto de outra pessoa no jantar de família e mantenha o mínimo de contato possível se ele não parar.
- Caso o valentão seja seu chefe, pode ser que você precise procurar outro emprego discretamente.
- Em casos de violência física e intimidação, contate a polícia e busque assistência para entrar com uma medida protetiva. Sua determinação e recusa a se submeter ajuda a sabotar o joguinho do valentão.

Curando a Codependência

Às vezes, você quer muito abandonar um relacionamento insalubre, mas se sente dividido. Uma parte sua deseja começar do zero e seguir em frente, e outra continua sendo atraída de volta para a pessoa que machucou você. Não se critique. É possível mudar e se curar. Para descobrir o que está impedindo você de abandonar o barco e encontrar conexões mais saudáveis, reconheça os seguintes padrões.

Relacionamentos Cármicos

Em um relacionamento cármico, ambas as partes estão presas em um padrão de derrota no qual se vinculam a partir das feridas, traumas e dores mútuas. Isso pode envolver grande intensidade e intimidade, seja um romance ou qualquer relacionamento potencialmente próximo. Mas na verdade você pode estar confundindo intensidade com intimidade, e controle com carinho. Pode ficar maravilhado por ter encontrado alguém igualzinho a você e achar que encontrou sua alma gêmea ou um amigo de alma por engano. É por isso que as pessoas que fazem uso exagerado de substâncias costumam sentir atração umas pelas outras e por "pobres coitados". Ou se envolve, mais uma vez, com um narcisista que pode manipular suas inseguranças e vulnerabilidades, o que atrai você.

Minha paciente Lois descreveu suas escolhas românticas dolorosas. Ela disse: "Sinto que tenho mais em comum com pessoas que tiveram uma infância difícil já que eu também tive. A gente 'se entende'". Com essa aparente afinidade, Lois ficava pasma com a falha dos relacionamentos. Não entendia que as mesmas feridas emocionais poderiam prevenir um companheiro de mostrar uma intimidade saudável. Também não entendeu que a química borbulhante que advém dessa história em comum nem sempre pode ser igualada ao amor, mas que costuma se tornar volátil e abusiva em relacionamentos cármicos. Então, na terapia, Lois começou a aceitar que estava escolhendo esse tipo de relação, que era insalubre e dolorosa. Enquanto explorava os próprios padrões emocionais, como a necessidade de se doar demais para conseguir o amor de alguém, ela passou a sentir atração por parceiros em potencial que eram mais capazes de desenvolver intimidade.

Se você se identifica com relacionamentos cármicos, pode começar a curar esse padrão na psicoterapia, como a Lois. Como resultado do seu crescimento emocional, ela conseguiu se tornar uma companheira carinhosa e mais capaz de desenvolver intimidade. Participar de um programa de recuperação de doze passos para a codependência, como o CODA, também pode ajudar você a escolher pessoas mais saudáveis. No entanto, se não tiver feito esse trabalho de cura, pode facilmente ser atraído para relacionamentos destrutivos novamente, então todo cuidado é pouco.

Empatizar com o passado difícil de alguém não significa aceitar seus comportamentos abusivos no presente.

O primeiro passo para curar esse padrão é estar ciente dele. Explore com gentileza quaisquer crenças que o levem a repetir relacionamentos nocivos. Registre-os em um diário. Alguns exemplos comuns são *Só consigo conectar intimidade com dor* e *Uma família amorosa grita por que se importa com a gente*. Com ternura, substitua essas crenças por outras que promovam maior cura, como *O amor significa respeito mútuo* ou *A intimidade saudável nos faz sentir confortáveis e nos nutre*. Empatize com as crenças que levaram você a um relacionamento cármico no passado para que agora possa se manter aberto a parceiros com maior disponibilidade emocional.

Vínculos Traumáticos e Neuroquímicos

Os vínculos traumáticos são os laços que mantêm você viciado em relacionamentos cármicos. Por exemplo, narcisistas costumam usar a técnica do reforço intermitente para cementar vínculos traumáticos: jogam migalhas de amor e atenção, então as retiram. Isso aciona um desejo como resposta no cérebro, algo parecido com o vício.

Podemos nos sentir atraídos pelo que nos é familiar, não necessariamente pelo que nos faz bem. Então, caso um dos seus pais ou ambos tenham narcisismo, é possível que você escolha parceiros parecidos, sabendo como é receber restos de amor e como se sente com o morde e assopra do reforço intermitente. Você continua nesses relacionamentos por tempo demais, porque tem medo de ficar sozinho ou acredita que não consegue continuar sem seu companheiro. Deseja a sua aprovação. Então, como resposta ao trauma, você normaliza esse comportamento que só machuca e continua tentando ganhar o amor do seu parceiro.

O fascínio das máquinas caça-níqueis é baseado em um reforço intermitente parecido. Em termos da resposta neuroquímica cerebral, ganhar sempre não seria tão viciante ou empolgante quanto não saber se ou quando você ganhará. Nos relacionamentos, esse ciclo que flutua entre gentileza e negligência ou abuso alternará entre a produção de ocitocina, que dispara com os vínculos de intimidade, e cortisol, que leva ao burnout. Esse coquetel químico instável o mantém cronicamente ansioso e o condiciona a querer sempre mais.

Obsessão em Agradar os Outros, Bajulação e Codependência

A obsessão em agradar os outros e a bajulação são formas de codependência em que se ignora as próprias necessidades para evitar conflito e críticas, criando um hiperfoco nas necessidades alheias. A pessoa se torna "boazinha demais" e vive pedindo desculpas por situações que não são da sua responsabilidade. Também tem dificuldade em estabelecer limites. Isso costuma ser uma resposta traumática por ter precisado lidar com comportamentos controladores de um narcisista. Estar ciente dessa tendência nos ajuda a nos tratarmos com mais amor enquanto estabelecemos nossa intenção de crescer e mudar.

Caso se identifique com os padrões acima, empatize com as situações por que passou e se prepare para mudar.

Perceba que todos que conhecemos ao longo do caminho, carinhosos ou não, podem nos ajudar a crescer. Não se martirize por ter se envolvido com alguém que tinha um transtorno de déficit de empatia. Aprenda o que puder da situação, inclusive como estabelecer limites saudáveis e dizer “não” ao abuso, de modo que não precise repetir essa lição. Emocionalmente, é libertador curar uma atração por alguém abusivo, assim você pode ter mais amor e confiança na sua vida. Valorize-se. Saiba que merece relacionamentos de respeito e carinho.

Empatizando com Portadores do Transtorno de Déficit de Empatia

Os portadores dos transtornos de déficit de empatia e/ou valentões podem ser traiçoeiros, uma vez que talvez interpretem sua gentileza como fraqueza, o que faz de você um alvo de violências. Já enfatizei a importância de ter empatia com você mesmo caso tenha aguentado um relacionamento assim. Mas devemos empatizar com as dificuldades e os traumas emocionais dessas pessoas? Isso chega a ser apropriado ou saudável em algum momento?

Nesses casos, nunca se deve agir com empatia para ser “socialmente correto”. Como alguns dos meus pacientes, você pode se recusar categoricamente a mostrar empatia a esses “monstros”. É claro que o direito é todo seu. Você tem razão em ficar com raiva, sentir-se machucado e traumatizado.

Mesmo assim, você pode estar em uma fase do seu processo de cura em que parece certo tentar. Sem perdoar ou esquecer o comportamento dessas pessoas, você encontra alguma empatia por esses seres humanos com feridas emocionais profundas. Um paciente compartilhou comigo que agir dessa forma o ajuda a lembrar que todos têm uma história, mas que ele não deve se deixar vitimizar por ela. Então é possível, ao mesmo tempo, empatizar com o horror daquele comportamento e se proteger. O importante é não criar desculpas, mas tentar entender a profundidade da psicopatologia do agressor.

Empatizar às vezes significa fazer escolhas radicais, diferentes das que costumam ser feitas. Apesar de não parecer ter sentido empatizar com pessoas que lhe causaram sofrimento, essa atitude traz benefícios inesperados enquanto nos curamos do relacionamento.

Como isso funciona? A dinâmica de poder muda. Agora, é você que toma as decisões, o que dá o exemplo, e o faz principalmente por si mesmo, não pelo outro. Quando escolhe mudar a dinâmica de poder de um relacionamento, você pode começar a se libertar emocionalmente. Começa a se sentir mais distante do trauma e menos ligado à pessoa que o machucou. Não fica preso à dor. Respira melhor. E assim, com grande alívio, fica mais fácil seguir em frente.

Caso você viva atraindo portadores de transtornos de déficit de empatia — é o caso de muitas pessoas gentis —, está na hora de reivindicar o seu poder. Cuidado com aqueles que querem tirá-lo de você. Nunca aja de uma forma que não lhe pareça certa intuitivamente. Não obedeça a ninguém que deseje quebrar a lei, magoar, trair ou machucar alguém ou você. Esses portadores o derrubarão se você deixar. Então não deixe.

Em vez disso, rodeie-se de pessoas que são respingos de luz na paisagem da humanidade. Isso significa aprender a se conectar a novos interesses amorosos ou amigos que talvez não tragam o mesmo "barato" de intensidade ou vínculo traumático com que você talvez esteja acostumado. Em vez disso, dê uma chance a novas pessoas antes de riscá-las da lista, rotulando-as como "gente boa, mas chata". Muitos sobreviventes de traumas confundem o saudável com o chato porque não estão acostumados a se conectar com indivíduos gentis e estáveis.

Você pode mudar esse padrão ao procurar pessoas atenciosas, humildes e ponderadas. Elas cumprem as próprias promessas e têm um bom coração. Isso não quer dizer que não tenham qualidades ou paixão em suas vidas. Também não significa que sejam perfeitas. Mas têm disponibilidade emocional para forjar um vínculo saudável com você. Passe um tempo com elas para que você possa se acostumar a se sentir seguro. Perceba que o dom da empatia trata de criar e desabrochar em um ambiente seguro com pessoas com que você possa contar e que respeitem suas necessidades.

EMPATIA EM AÇÃO

Mudando Padrões, Escolhendo o Amor

Reserve um tempo para cultivar empatia por si mesmo e pela dor que os relacionamentos insalubres lhe causaram. Garanta-se que você está comprometido com a cura e com a prática do amor-próprio. Sinta crescer a liberdade dentro de você. Empatize com a sua parte que, por falta de experiência, envolveu-se com portadores dos transtornos de déficit de empatia. Mas agora e no futuro sinta-se grato pelo novo eu que está preparado para nunca mais ceder o próprio poder a ninguém.

PARTE 3

Curando o Mundo

9

Liderança Empática

Os Benefícios de Liderar com a Cabeça e o Coração

EXISTE UMA AVIDEZ POR lideranças empáticas em muitas organizações, inclusive em corporações, governos, centros médicos e pequenos negócios ao redor do mundo. A empatia é um grande diferencial porque precisamos tanto de ambientes mais gentis e sensíveis às necessidades pessoais quanto de um mundo com mais ternura. Meu amigo Rex Wilder, poeta e mestre dos slogans, diz: "Humanidade. Seja humano de verdade". Esse é o nosso imperativo, em nível individual e enquanto líderes, bem como nosso apelo durante todo este livro.

Imagine um chefe que reserva tempo para ouvir suas necessidades e apoiá-las. Imagine uma equipe que pode inspirar você a ser o mais criativo, produtivo e feliz possível. Ou pense em um supervisor que ajuda os membros da equipe a cooperarem entre si e sabe como acalmar a situação em conflitos com ânimos exaltados. Tudo isso é possível com o modelo de liderança que estou apresentando.

Estresse, burnout e questões de saúde permeiam os locais de trabalho atualmente. Na era pós-pandemia, muitas pessoas têm dificuldade para definir qual tipo de trabalho e modalidade — virtual, presencial ou híbrida — faz mais sentido para elas. Meus pacientes Mary e Rick, que têm dois filhos pequenos, preferem a liberdade do trabalho virtual já que conseguem ter sucesso em suas profissões e estar presentes na vida das crianças simultaneamente. Apesar de as políticas globais dos locais de trabalho viverem mudando, os chefes do casal continuam mostrando flexibilidade e empatia com as necessidades dos outros membros da equipe.

Nessa virada crucial, precisamos de líderes empáticos com estilos de gestão inovativos para motivar as equipes e lhes fornecer momentos frequentes de conexão e carinho, bem como de líderes globais que possam ajudar a criar um mundo mais amável, unificado e cooperativo. Oprah Winfrey diz: "Liderança é empatia pura. Trata-se da habilidade de se conectar com as pessoas com o propósito de inspirar e empoderar suas vidas".[1]

O que É um Líder Empático?

Daniel Lubetzky, fundador e CEO da KIND, empresa de suplementos, disse, "Se estiver perguntando como criar um ambiente de trabalho empático, você está na frente de todo mundo".[2]

Mas como alcançar isso? Um estilo de liderança empático valoriza a integridade e a identificação com os outros de modo a entender seus pontos de vista. Líderes empáticos se interessam de maneira genuína pelos membros de suas equipes. Querem saber o que os faz vibrar, o que os inspira e como se sentem. Eles alimentam os talentos e qualidades de sua equipe usando elogios e reforços positivos para encorajar a excelência.

Por exemplo, quando um líder empático vê que uma pessoa de sua equipe está vacilando, ele não a pressiona por uma performance melhor ou usa críticas para motivá-la. Também não lidera com impaciência, o que só paralisa ou provoca pânico nos outros. Em vez disso, o líder empático começa elogiando as contribuições da pessoa para a equipe. Então, em um tom gentil, menciona quaisquer dificuldades que tenha percebido na performance dela e explora, com ela, estratégias para alcançar seu objetivo. Abordar um membro da equipe com empatia em vez de impaciência não faz do líder influenciável, fraco ou incapaz de estabelecer limites. Na verdade, ele incorpora força e empatia para liderar.

Certa vez, quando eu estava trabalhando em um projeto que pedia uma série de reuniões, precisei remarcar uma delas, pois um familiar seria operado no dia seguinte. Pedi desculpas ao gerente de projeto (que organizara a agenda) pela mudança e por qualquer inconveniência que eu pudesse ter causado à equipe. Apesar dos meus esforços, ele respondeu sem emoção nenhuma na voz: "Remarcar a reunião atrasaria muito a equipe. É melhor você só manter como está". Fiquei chocada com aquela resposta que parecia tão fria. É verdade que avisei em cima da hora porque calculara errado minha capacidade emocional para fazer as duas coisas — apoiar meu parente e comparecer à reunião. Mesmo assim, não sou de cancelar, mas não me concederam nenhuma liberdade. No fim, acabei comparecendo, mas sinceramente não me senti bem por terem ignorado minhas necessidades. Ainda assim, não mencionei o assunto com meu supervisor já que eu queria focar meu parente e evitar um confronto.

Minha mensagem é que ter mais empatia com os colegas de trabalho e membros da equipe só traz benefícios para o líder. Por exemplo, o gerente de projeto poderia ter respondido gentilmente: "Nossa, Judith, não sabia que um parente seu passaria por cirurgia hoje. Vamos todos mandar boas vibrações para ele. Farei todo o possível para remarcar a reunião".

No local de trabalho, um pouco de gentileza nos leva longe e cria benevolência. Às vezes, precisamos relevar algumas situações dos nossos subordinados, mesmo que isso nos cause inconveniência. Quando relevamos, eles se lembrarão da nossa gentileza, e isso trará mais união para a equipe.

No entanto, é compreensível que muitos funcionários tenham medo de expressar suas necessidades de forma direta, especialmente se o chefe não tiver empatia. Então eles seguram a raiva, vergonha ou frustração, o que cria uma tensão no seu corpo e no local de trabalho por meio do contágio emocional. Ainda assim, é importante saber discernir as coisas. Se estiver lidando com alguém que costuma ser gentil, pode ser produtivo se expressar de forma respeitosa e sem culpar ninguém. Caso contrário, se você tiver um chefe com um transtorno de déficit de empatia que talvez não valorize suas necessidades, por mais que se esforce, isso não terá nenhum impacto ou talvez os antagonize. Nessa situação, uma forma de colaborar seria ter expectativas realistas quanto ao seu chefe, de modo a não esperar mais do que ele pode oferecer.

Contudo, às vezes, mesmo se você não for o supervisor oficial, é possível assumir o cargo de liderança ao dar um exemplo positivo aos colegas de equipe. Por exemplo, voluntariando-se para explicar as necessidades do grupo a um supervisor que você acha que levaria sua opinião em consideração. Caso a reação dele seja útil, isso pode inspirar seus colegas de trabalho a se expressarem com discernimento também.

Fico feliz demais de ver tantos líderes globais, militares e corporativos enfatizarem a importância da empatia. Isso inclui os ex-presidentes dos Estados Unidos Barack Obama e Abraham Lincoln, bem como a juíza da Suprema Corte estadunidense Ruth Bader Ginsberg. Theodore Roosevelt disse: "Ninguém se importa com o quanto você sabe até saberem o quanto se importa".[3] Líderes de negócios como Sir Richard Branson também incentivam a empatia, assim como Mark Divine, membro aposentado da Marinha dos EUA que escreve sobre o poder de liderar com o coração.

Cinco Traços de Líderes Empáticos

Líderes empáticos...

1. **Lideram pelo exemplo.** Dão o exemplo de empatia e colaboração, informando aos membros da equipe: "Eu me importo com suas preocupações e valores. Vamos trabalhar nesse problema juntos".
2. **Têm inteligência emocional.** Esses líderes têm ideias inovadoras e encorajam a criatividade alheia. Durante um conflito, eles se mantêm centrados e combinam a lógica e a empatia para resolver a situação. Importam-se com os dilemas dos outros, mas conseguem identificar e controlar as próprias emoções.
3. **Ouvem sua intuição.** Confiam na própria intuição para tomar decisões e incentivam a equipe a fazer o mesmo.
4. **Mostram que dão valor.** Comunicam aos outros o quanto valorizam seu tempo, trabalho e contribuições.
5. **São flexíveis**. Logo percebem as necessidades e emoções alheias e conseguem se adaptar a uma situação que surgiu ou mudou sem caírem na rigidez ou na crítica. Essas são qualidades vitais para a gestão de crises.

Desafios Comuns Enfrentados por Líderes Empáticos

Líderes extremamente sensíveis podem encontrar desafios durante a gestão de suas equipes. Alguns podem achar difícil fornecer "críticas construtivas" sobre as dificuldades que um membro da equipe está tendo no trabalho, pois querem que todos sejam felizes e temem machucar os sentimentos alheios. Ainda assim, eles precisam aprender essa valiosa habilidade de comunicação.

Por exemplo, como supervisor, você observa que um membro da equipe está preso no perfeccionismo, o que limita o progresso dele no projeto. Você o vê passando dificuldades e almejando alcançar padrões impossíveis. Se não disser nada a esse respeito, não o ajudará. Em vez disso, pode chamá-lo em um canto e dizer em um tom de apoio e sem críticas: "Você é um membro importante da nossa equipe. Adoramos suas ideias. Mas parece que está se atrapalhando ao tentar ser perfeito demais. Acertei?" É provável que acerte e então poderão encontrar um jeito de ele parar de se cobrar dessa forma. Um lembrete gentil de um colega de trabalho atencioso pode fazê-lo voltar aos trilhos e a gostar do que faz. Ficar confortável em puxar assuntos sensíveis faz parte da curva de aprendizado de líderes empáticos.

Eles devem estar preparados para lutar contra crenças alheias ultrapassadas ou enviesadas sobre seu estilo de liderança. Fico emocionada com a ternura de Jacinda Ardern, ex-primeira-ministra da Nova Zelândia, que disse: "Uma das críticas que enfrentei... foi que não sou agressiva ou assertiva o suficiente, ou que talvez, de alguma forma, por ser empática, significa que sou fraca. Eu me rebelo totalmente contra isso. Recuso-me a acreditar que não é possível ser compassiva e forte".[4]

Igualar a empatia à fraqueza é errado. A empatia é a força que vem do coração, não é como a força bruta, que sempre deve ser o último recurso. Em vez de insistir que um funcionário faça algo do seu jeito, é possível dar o exemplo de uma abordagem mais inteligente e gentil para resolver os problemas. Pode dizer: "Sei que esse projeto é chato. Como posso apoiar você?"

Por que a Liderança Empática É Tão Importante?

Fiquei animada ao ver uma reportagem recente da *Forbes* sobre um grande estudo científico que ranqueou a empatia como a habilidade de liderança *mais importante* no local de trabalho.[5] Foi mostrado que ela leva a resultados positivos nos negócios e apresenta inúmeros efeitos terapêuticos em funcionários estressados. Quando os líderes expressaram empatia pela sua equipe, isso aumentou a inovação e o engajamento dos membros, melhorou o atendimento ao cliente e os ajudou a equilibrar a vida pessoal e profissional.

Sir Richard Branson disse: "Entender a empatia, bem como a experiência de pessoas de diferentes áreas da vida, é uma habilidade essencial para líderes de negócios".[6]

Com uma convicção parecida, Satya Nadella, CEO da Microsoft, disse: "A empatia possibilita que inovemos mais... É uma qualidade que minha esposa me ajudou a aprender quando nosso filho nasceu com deficiências graves. É uma qualidade que molda nossa missão de atender às necessidades dos clientes. E nos ajuda como sociedade a avançar na criação de novas oportunidades para todos".[7]

Para maior documentação das vantagens da empatia no trabalho, o Índice Global de Empatia, publicado pela *Harvard Business Review*, examinou dados das respostas de funcionários sobre assuntos que iam do ranking de aprovação do CEO até seus próprios níveis de felicidade no trabalho. Os pesquisadores descobriram que empresas empáticas são as mais lucrativas e estão associadas a maiores salários e gratificações dos funcionários, assim como maior satisfação dos clientes.[8]

Talvez você fique surpreso ao descobrir que o apelo da liderança empática também se estende além do ambiente tradicional dos escritórios. No livro *The Way of the SEAL*, o ex-comandante da Marinha dos Estados Unidos Mark Divine detalha como ele treina atletas, equipes SWAT, paramédicos e aspirantes ao programa da elite da marinha estadunidense para combinar a força mental, a intuição e o coração.[9] A liderança empática não é só para pessoas supersensíveis, ela também serve para aqueles com uma variedade de temperamentos em qualquer área.

Você pode se tornar um líder empático, seja como novo gestor ou executivo de alto escalão, ou simplesmente liderando com seu exemplo em qualquer profissão, mesmo se não tiver nenhum subordinado. Já que a necessidade de empatia e conexão humana aumentou em nosso mundo caótico, o poder da liderança empática diária cresceu.

Ofereço treinamentos de empatia para empresas de tecnologia e outras, bem como centros médicos. Ensino equipes e gestores a trazerem a empatia para o local de trabalho e aprenderem maneiras de lidar compassivamente com colegas difíceis. Aplicar essas habilidades pode melhorar a atmosfera e a saúde de qualquer empresa.

Em um treinamento de funcionários do hospital, Nora, enfermeira cirúrgica, e sua supervisora, Linda, compartilharam com o grupo que estavam tendo dificuldades de comunicação. Pedi a cada uma para descrever a dificuldade. Toda história tem dois lados. Nora disse: "Linda me pediu ajuda em um projeto, mas depois perdeu a paciência quando demorei demais para responder às suas perguntas". Ela contou que Linda soltava um "Anda logo", o que fazia Nora se sentir interrompida.

Linda julgava que Nora era "prolixa", mas não tentara resolver a situação já que evitava entrar em conflito. No mais, as longas explicações de Nora aumentavam a ansiedade de Linda, que temia não conseguir cumprir o prazo iminente do projeto.

Nora admitiu ter um estilo de fala mais lento e metódico, mas lamentou: "Será que a Linda não pode me dar mais vinte segundos para eu conseguir me expressar? Quero ajudar, mas sinto que minha contribuição não é valorizada".

Trabalhei com as duas para desenvolverem empatia com a perspectiva uma da outra. Linda admitiu que se sentira tão apressada e sobrecarregada que nem considerara como seu tom soara grosso e ingrato. Querendo simplesmente "dar conta do recado", ela não havia considerado como seu modo de se expressar afetara Nora. Em defesa de Linda, depois de passar apenas alguns minutos defendendo seu ponto de vista, ela se mostrou aberta para receber um retorno e disposta a mudar seu comportamento. Enquanto isso, Nora também conseguia ver que as próprias explicações longas estavam deixando Linda impaciente, então concordou em encurtá-las. Dessa forma, ao examinar com sinceridade um padrão improdutivo, ambos os lados cederam um pouco e empatizaram com as necessidades um do outro — um começo para uma comunicação de sucesso.

Por mais de 25 anos — desde que me formei na residência da UCLA —, tenho tido a alegria e a satisfação de supervisionar outros residentes de psiquiatria do programa. Sinto-me privilegiada em poder dar o exemplo de empatia para os estudantes e lhes mostrar como incorporá-la ao tratamento dos seus pacientes, e, ao mesmo tempo, combinar seu conhecimento linear e convencional de psiquiatria. Nós tratamos de uma grande gama de tópicos, abordando desde como mostrar empatia por pacientes difíceis a empatizar consigo mesmo durante a rigorosa formação em psiquiatria, que dura quatro anos e envolve muita privação de sono. Fico honrada que o *New England Journal of Medicine* tenha mencionado minha abordagem de exemplificar empatia para praticantes da medicina: "Sua mensagem simples, mas poderosa, é: 'Escute seus pacientes'".[10]

Em nossa era de alta tecnologia, os médicos costumam focar digitar os sintomas dos pacientes no computador em vez de lhes oferecer atenção total. Quando meu clínico geral habilidoso começou a fazer isso comigo, ele não parecia estar totalmente presente durante nossas consultas. Mencionei como aquilo me incomodava. Ele respondeu atencioso: "Sinto muito, mas preciso aderir aos novos requisitos de documentação, muito estritos. Não consigo fazer as anotações mais tarde porque minha agenda está ocupada demais". Então, infelizmente o profundo dom da escuta foi sacrificado no seu consultório, o que me levou a mudar para outro médico que pudesse ser mais presente.

Contato visual, escuta e empatia combinam. Os pacientes costumam se sentir vulneráveis e assustados ao tratar de suas questões médicas. Dependem desses profissionais e precisam que eles sejam solícitos e consoladores.

Os líderes empáticos na medicina, no mundo corporativo, no governo ou em outras áreas estão na posição ideal para ensinar empatia e dar o exemplo para estudantes e suas equipes. Na verdade, proponho que a área da saúde, tecnologia e outras organizações tenham um diretor-executivo de empatia (ou um departamento inteiro dedicado a ela) que possa trabalhar com os recursos humanos para dar apoio aos funcionários. Um diretor-executivo de empatia ajudaria a resolver conflitos nas equipes ou entre executivos e outros níveis de gestão. Dessa forma, o local de trabalho seria um lugar seguro para encontrar soluções inteligentes e gentis para uma série de questões pessoais e organizacionais.

Líderes que Priorizam a Missão da Empresa e Líderes que Priorizam Pessoas

O estilo antigo de líderes que priorizam a missão da empresa coloca os objetivos da organização acima das necessidades dos funcionários, que precisam fazer do trabalho sua prioridade. O resto de suas vidas costuma ficar em segundo plano até que um projeto seja concluído. Por outro lado, uma abordagem que foca as pessoas prioriza as necessidades dos funcionários.

Comparemos o modelo focado na missão da empresa ao estilo empático. Esse estilo antigo foi construído com base no paradigma convencional dos esportes, no qual os membros da equipe estão subordinados a um treinador todo-poderoso que eles não questionam, mas seguem incondicionalmente. No local de trabalho, a situação é parecida: esse sistema hierárquico e patriarcal tem líderes que comandam as empresas com uma mão de ferro e pouca empatia. Eles eliminam ou rebaixam funcionários que os questionam. A mensagem do líder é: *O chefe sou eu. Você é o funcionário. É para fazer o que eu mandar.*

Tudo isso forma uma atmosfera tóxica e ansiosa em que narcisistas, sociopatas e outros valentões florescem. Como resultado, nesses ambientes encontraremos muitos funcionários infelizes cujo trabalho é penoso. Trabalhar se resume a ganhar um salário em vez de envolver qualquer satisfação ou alegria.

Adoramos odiar os personagens sedentos por poder sem nenhuma empatia que representam esse estilo antigo de liderança no cinema e na televisão. Por exemplo, Gordon Gekko, o tubarão corporativo do icônico filme dos anos 1980 *Wall Street*, cujo lema era "a ganância é boa". Ou Bobby Axelrod, o impiedoso e carismático gestor de fundos de cobertura da série da Showtime *Billions*, que conta as crônicas do brutal mundo das altas finanças de Nova York.

Espera-se que esse modelo de negócios frio e comandado pelo ego seja substituído por um estilo mais empático "com a mão na consciência" que traga o melhor dos executivos, gestores e de suas equipes. Graças a Deus, as abordagens de sermão, tirania e desconsideração das necessidades da equipe estão cada vez mais ficando no passado, ao menos em algumas áreas. Essas atitudes só alienam as pessoas, motivando-as pelo medo, ou alimentam ressentimentos. Em vez disso, em um modelo focado nas pessoas, você entende sua situação e as escuta, de modo que elas se sintam seguras o suficiente para confiar em você.

Que jeito edificante de trazer mais empatia ao local de trabalho! Assim, você não é só um funcionário cujo papel é ganhar dinheiro para a empresa. Em vez disso, é valorizado como indivíduo. O princípio que guia a filosofia de colocar as pessoas em primeiro lugar é tratar os outros como gostaríamos de ser tratados.

Considere, por exemplo, sua reação quando um membro da sua equipe está chegando atrasado com frequência às reuniões. Em vez de abrir com um comentário intimidador, "Você não leva seu trabalho a sério? Vai ser demitido se não conseguir chegar na hora", um líder que prioriza as pessoas pode dizer, genuinamente preocupado: "Ei, Bill, você está estressado com alguma coisa? Percebi que tem se atrasado bastante recentemente". Então ajudaria o funcionário a resolver o problema, dizendo: "Será um prazer conversar sobre isso com você".

No melhor dos mundos, os valores que priorizam as pessoas talvez nem precisem ser ditos, já que fariam parte do senso comum. Mas agora, enquanto as culturas de trabalho evoluem, precisamos priorizar especificamente as necessidades de cada ser humano. Fazer disso nossa política cria uma atitude de respeito e camaradagem entre o grupo sagrado que você chama de "minha equipe". As forças que unem as pessoas no trabalho ou em qualquer circunstância têm uma certa magia. Tente vê-la na sua equipe e nas suas colaborações.

Diferenças Entre os Paradigmas da Liderança Antiga e da Nova

Estilo Antigo: Líderes Focados na Missão da Empresa

- Valorizam a missão da organização, e ponto final, em detrimento das necessidades dos funcionários.
- Tomam decisões sem considerar a perspectiva talentosa dos membros da equipe.
- Usam a culpa e a vergonha para motivar os funcionários.

- Buscam "vencer" a qualquer custo e recompensam estratégias de negócio impiedosas.
- Não conseguem dar exemplo de empatia ou ensiná-la enquanto habilidade para construção de relacionamentos.

Estilo Novo: Líderes Empáticos Focados nas Pessoas

- Colocam as necessidades das pessoas em primeiro lugar.
- Criam um ambiente feliz e até brincalhão.
- Valorizam a colaboração, a ajuda ao próximo e a experiência do funcionário.
- Ajudam os membros da equipe a encontrarem a excelência dentro de si.
- Substituem a dominância pela empatia e cordialidade.

Estratégias Práticas para Lidar com Situações Estressantes no Trabalho

Nos últimos vinte anos, formar equipes para aumentar os vínculos e reconhecimento, tanto presencial quanto remotamente, tornou-se uma prática de negócios comum. Agora, muitas culturas de trabalho giram em torno da participação da equipe em vez de recorrer ao antigo modelo no qual um único funcionário trabalha de maneira independente e está subordinado a um único chefe. Então, falando em formar equipes, aqui vão cinco situações estressantes que você pode enfrentar enquanto líder empático e como lidar com elas de maneira sensível e eficiente.

Situação 1. Lidando com Tarefas Inesperadas

Quando é pedido que os funcionários façam mais do que o esperado e sua carga de trabalho já demanda muito, só de pensar em mais tarefas, eles podem entrar em pânico, que se espalha via contágio emocional para a sua equipe. Um líder empático mantém a calma. Reconhece a realidade desse estresse com compaixão (mas sem criar desculpas) e acalma a sobrecarga e a tensão de um indivíduo ou equipe.

O que Dizer

"Está claro para todos que estão nos pedido para fazer mais do que tínhamos planejado. Sei que isso parece que nos sobrecarregará, mas nos ajudaremos e passaremos por isso juntos. Valorizo cada um de vocês. Como equipe, vamos ser gentis conosco e com os outros durante esse período difícil."

O que Não Dizer

"Parem de choramingar. Estão pedindo para vocês fazerem o seu trabalho — então façam. Cancelem seus planos com a família se necessário. Façam hora extra até terminar."

Situação 2. Lidando com um Erro Acidental de um Membro da Equipe

Quando alguém erra, é melhor animá-lo em vez de desanimá-lo ou criar pressão para que ele performe melhor. Para reunir empatia com essa pessoa, reflita sobre os momentos em que você errou e como gostaria de ter sido tratado. Lembre-se de que ninguém é perfeito. É claro que é muito frustrante quando o erro afeta você e a qualidade do seu trabalho. Não contorne esse sentimento compreensível, apesar de não ser construtivo partir dessa posição quando estiver falando com um colega de trabalho. Isso só o fará se sentir pior. Se você deixar claro que quer ajudá-lo a identificar o que aconteceu, é possível resolver essa questão com gentileza.

O que Dizer

"Valorizo seu trabalho duro nesse projeto. Sei que não foi sua intenção errar. Vamos descobrir juntos maneiras de prevenir que isso aconteça de novo."

O que Não Dizer

"Como você pôde errar assim? Seu trabalho está abaixo dos padrões da empresa. Atrasou uma equipe inteira, já que todos dependem da informação sob sua responsabilidade."

Situação 3. Lidando com Fracasso e Baixa Produção

Às vezes, um membro da equipe pode entrar em crise. Sua criatividade, humor e energia parecem diminuir. É nessa hora que um líder empático pode conversar com ele para descobrir o que está acontecendo. Tudo bem dizer: "Percebi que você parece cansado e que seu entusiasmo está menor do que o normal. Se estiver aberto a conversar sobre isso, eu gostaria de ouvir o que está acontecendo. Então posso ajudar você".

Dessa forma, o líder cria uma abertura segura e sem julgamentos para que o membro da equipe possa compartilhar sua situação. Talvez ele esteja preocupado porque o cônjuge foi demitido e não consegue encontrar outro emprego. Ou está simplesmente entediado e precisa de um novo projeto para se sentir mais criativo. Ao fornecer um local seguro para que ele compartilhe sua situação, você pode descobrir como ajudá-lo e como melhorar sua experiência no trabalho. Caso ele escolha não se abrir, simplesmente espere e monitore para ver como sua situação se desenrola.

O que Dizer

"Eu me importo com você e quero que seja feliz no trabalho. Ultimamente venho percebendo uma mudança no seu interesse e energia. Parece que está com a cabeça em outro lugar. Então queria ver com você como estão as coisas. Gostaria de ajudar."

O que Não Dizer

"Para ser sincero, estou bem preocupado com sua atitude e performance no trabalho. Você não está sendo tão produtivo quanto de costume e parece infeliz. Precisa se recompor no trabalho e deixar para trás seus problemas pessoais."

Situação 4. Lidando com um Comportamento Preocupante de um Membro da Equipe

Toda equipe tem membros que às vezes argumentam, teimam, criticam ou ficam na defensiva (como todo mundo). No entanto, colegas de trabalho ou gestores costumam hesitar em mencionar um problema para essa pessoa, com medo de evocar sua raiva ou ferir seus sentimentos ou de que, com isso, ela ameace pedir demissão. Ou, como muitas pessoas sensíveis, eles não aguentam fazer alguém se sentir desconfortável, nem que seja só um pouco. Então o comportamento preocupante se torna um problema que já não pode ser ignorado, mesmo que, em vão, a equipe inteira tente. Um líder empático está preparado para conversar compassivamente sobre o comportamento em questão com a pessoa. Ele é forte o suficiente para aguentar o desconforto, em especial quando mostra amor resiliente.

O que Dizer

"Percebi que você vem fofocando sobre Mike ter perdido a promoção. Tenho certeza de que sua intenção não é machucá-lo, mas a fofoca magoa e é inaceitável. Ela pode envenenar nosso local de trabalho. Respeito você e quero que tratemos e resolvamos essa questão juntos."

O que Não Dizer

"Como você pode ser tão impulsivo e maldoso? Você sabe que Mike ficou péssimo por ter perdido a promoção. Qual o seu problema? Você deveria se envergonhar."

Situação 5. Lidando com a Partida de um Membro da Equipe

Há momentos na vida de uma equipe em que um membro querido decide se demitir. Talvez ele precise de uma mudança ou de um salário maior, ou esteja tendo uma crise familiar, um problema de saúde ou queira um tempo de folga maior. Alguns membros da equipe podem ser mais próximos do que está saindo, mas se adaptar à perda pode ser atordoante e desconfortável para todos. Uma equipe coesa é como um organismo: se uma parte muda, o resto do grupo sente.

É gentil mostrar empatia pela escolha da demissão em vez de ficar questionando ou culpando o funcionário por decidir sair. No mais, juntar-se como grupo para se despedir e expressar gratidão é um ritual bonito. (Mesmo se você não se dava bem com a pessoa, ainda pode lhe desejar tudo de bom.)

Depois da partida, a equipe precisa ter permissão para se sentir triste. Também é essencial ter um espaço acolhedor para um novo membro. Essa pessoa será diferente da que partiu. Valorize as qualidades especiais que ela trouxer ao grupo.

O que Dizer

"Vamos sentir sua falta. Gostei muito de trabalhar com você. Mesmo quando discordávamos, nós nos tratávamos com respeito. Sempre valorizaremos sua energia, contribuições e sorriso. Desejamos sucesso."

O que Não Dizer

"Como você pode nos deixar? Sabe que precisamos de você. Se eu soubesse que nos abandonaria no meio do projeto, não teria confiado em você. Isso afetará a equipe e o nosso progresso."

O Dom do Divertimento

Seu local de trabalho pode ser intenso com tantas reuniões e demandas. Costuma existir uma seriedade real. Mas também é possível equilibrar essa intensidade com risadas e diversão. Aliviar o clima ao trazer brincadeiras ao ambiente cria uma energia positiva.

Muitos de nós tendem a tratar o trabalho (e todo o resto) com seriedade demais, então nos fechamos e nos esquecemos de rir. Quando muitos de nós estão sob pressão, nossa mente para e nosso coração se fecha como resultado da sobrecarga. Então é rejuvenescedor fazer uma pausa sagrada de todas essas dificuldades e simplesmente relaxar. É doloroso trabalhar em um ambiente tenso; por outro lado, uma folga inspira criatividade, empatia e intuição, além de criar bem-estar individual e corporativo.

Quando dei uma palestra sobre empatia na Google, em Venice, Califórnia, percebi que a decoração era extravagante. A entrada do prédio tinha a forma de um binóculo gigante, e fui recepcionada com cores vivas e prazeres inesperados como pranchas de surfe e cabines telefônicas antigas. Havia até uma quadra de basquete em outra área. Enfatizando que a diversão gera uma atmosfera animada e fornece uma alternativa divertida para configurações de trabalho mais estéreis ou simplesmente utilitaristas.

Outras maneiras de trazer divertimento para o ambiente de trabalho, mesmo se a empresa não prioriza esse aspecto, é decorar o próprio local de trabalho de jeitos coloridos e divertidos. Traga fotos adoráveis dos seus animais de estimação, filhos e outras pessoas ou líderes que o animam. Ou organize uma pausa com um membro da equipe para vocês conversarem sobre atividades não relacionadas ao trabalho: filmes de que gostam, arte, esportes coletivos, trilhas espetaculares ou qualquer atividade que lhe traz alegria. Isso ajudará vocês a quebrar o feitiço da seriedade em uma configuração de trabalho tão intensa. Dar boas risadas com colegas de trabalho também pode aliviar a tensão do ambiente. Sorria para as pessoas e apoiem o senso de humor uns dos outros. É maravilhoso quando uma equipe consegue se ajudar a ver o lado bom do trabalho e da vida.

Liderança Empática Global

Apesar de a empatia ser tradicionalmente considerada um "soft power" na diplomacia global, ela se refere à nossa habilidade de colaborar e negociar com outros países em vez de coagi-los por meio de poder militar ou outras ameaças. Um líder empático global não medirá esforços para prevenir a guerra.

Exemplos de líderes globais empáticos incluem Sua Santidade, o 14º Dalai Lama; Nelson Mandela; Jacinda Ardern e Aung San Suu Kyi, a ativista de direitos humanos birmanesa e ganhadora do Prêmio Nobel da Paz. De modo semelhante, o atemporal segundo discurso de posse de Lincoln, inspira-nos a agir "sem malícia contra ninguém e com caridade para com todos".[11]

Albert Einstein acreditava que a paz não pode ser mantida à força, mas por meio do entendimento. Guerras assolam nosso planeta há milênios. Cada um de nós tem uma parte guerreira latente em nossa natureza, que pode causar danos terríveis se não for monitorada. Para enfrentá-la, precisamos perceber que vamos muito além desse aspecto de nós mesmos. Não podemos negar nosso instinto primitivo de violência, mas precisamos canalizá-lo conscientemente para outras áreas.

Quando líderes globais e de negócios dão o exemplo dos poderes da empatia e gentileza, podemos todos seguir seu exemplo. Líderes empáticos valorizam a humildade. São eles que arrumam as cadeiras no cômodo após reuniões — não aqueles que mandam outros fazerem isso. Assim, o humilde poder da empatia pode ser transmitido em várias profissões, governos e negócios, bem como interpessoalmente geração após geração.

Há épocas especiais em que temos a chance de passar por uma mudança de paradigma — um grande reinício que nos leva a um nível mais gentil de identificação, integrando a empatia ao local de trabalho e à liderança global. É nessa época que estamos vivendo. Então, enquanto os indivíduos e sistemas passam por essa mudança, precisamos ter paciência uns com os outros conforme nos ajustamos a um modo de viver mais gentil e iluminado.

Juntos, vamos apoiar uma maneira mais humana de ter sucesso no trabalho e em um nível global, sempre tratando bem o próximo. Tenho comigo que cada um de nós precisa incorporar a mudança que queremos criar. A empatia ajudará o mundo a abraçar essa mensagem em um nível mais profundo.

EMPATIA EM AÇÃO

Seja um Líder Empático na Sua Vida

Em momentos de tranquilidade, reflita sobre como ser um líder empático no trabalho ou em outras áreas da sua vida. Que qualidades você quer mostrar? Pergunte-se: *Como posso ser mais gentil? Como posso empatizar melhor com um colega de trabalho quando ele estiver se sentindo preso e passando dificuldades? Como posso intervir para aliviar o estresse de um amigo ou de um membro de equipe?* Dedique algum tempo para meditar sobre qualidades que gostaria de desenvolver enquanto líder empático com inteligência emocional. Então prepare-se para colocá-las em prática no trabalho e na vida.

10

A Bênção e a Cura do Perdão

Liberando Ressentimentos e Construindo Empatia

UM DOS MAIORES DONS de cura da empatia é que ela pode ajudar você a perdoar alguém e a se libertar da amargura e ressentimento para que esses sentimentos não o esgotem. Agora você terá uma saída dos sofrimentos do passado, se quiser. Imagine a leveza do viver e a criatividade que você liberará quando o peso do ressentimento se for.

O que é perdão? É um processo de limpeza emocional e autocura em que você se liberta compassivamente de ressentimentos menores e maiores para afastar a negatividade indesejada. Eles podem ser dirigidos aos outros ou a você mesmo. Podem incluir raiva ou vingança contínua quando você foi ferido ou quando o amor, a vida ou outras pessoas o desapontaram. Ao perdoar, você se liberta de um ressentimento, uma prática centrada na empatia que não envolve contornar emocionalmente seus verdadeiros sentimentos. É essencial que você também se liberte do seu apego ao ressentimento e dos benefícios que recebe por continuar se prendendo a ele, como a simpatia alheia ou o apoio por ter uma mentalidade de vitimização.

O perdão, como estou definindo, refere-se principalmente a perdoar a pessoa, não a ação danosa. O que você perdoa? Os defeitos do outro, suas limitações ou feridas emocionais que não foram curadas (esteja a pessoa ciente delas ou não) que provocam sua insensibilidade ou sua tendência a machucar os outros. Entender sua perspectiva não justifica seus atos. No entanto, empatizar com os conflitos secretos do outro ajudará você a se libertar do ressentimento, bem como de qualquer outro vínculo indesejado com a pessoa e o trauma causado, de modo que esteja mais livre para seguir em frente.

O perdão trata mais de se curar do que de mudar a pessoa que te machucou.

O perdão significa coisas diferentes dependendo da situação. Pode ser mais fácil perdoar certas pessoas, especialmente se elas não tinham a intenção de machucar você ou são imaturas, descuidadas ou sem consideração em certos momentos. Outras ofensas menores incluem alguém que esquece um compromisso ou checa o celular quando você está falando. Se uma pessoa enfrenta desafios emocionais como depressão, ansiedade ou restrições cognitivas, mas estão dando o seu melhor, você também pode encontrar o perdão. Ou talvez decida dar uma segunda chance àquele amigo que interpretou errado uma situação social e não tinha a intenção de envergonhá-lo, especialmente se ele se arrepender de suas ações e compensá-lo.

Eu pré-perdoo algumas pessoas da minha vida. Por exemplo, minha amiga extrovertida Berenice me ensinou a me manter firme com minhas próprias opiniões. Apesar de ser extremamente compassiva, ela também era muito irritável e do contra. Ainda assim, eu intuitivamente sabia que seríamos amigas para a vida inteira até ela falecer aos 93 anos. Então pré-perdoei Berenice por tudo. Mesmo que algumas pessoas não entendessem minha escolha, já que nosso relacionamento era bem tumultuado de vez em quando, eu me sentia ótima com ele.

Pode ser difícil lidar com algumas pessoas centrais na nossa vida, e é provável que elas não mudem. Não significa necessariamente que é impossível ter um relacionamento próximo e recompensador com elas. Ao explorar o perdão, essa é uma nuance que é preciso considerar.

Mas e quanto às pessoas que são mais rígidas, as quais é mesmo impossível perdoar, como um amigo que nos manipula ou um parente que nos exclui de propósito das reuniões familiares? Essas situações podem ser devastadoras. Também não estou sugerindo que você crie desculpas para uma traição monstruosa ou violência, ou que as esqueça, também não precisa manter essa pessoa na sua vida. Cortar laços com ela pode ser a melhor maneira de praticar a autocompaixão.

Decidir perdoar o comportamento de alguém é uma decisão que cabe a você. É uma escolha para respeitar em si mesmo que nunca deve ser forçada. No entanto, às vezes, com tempo, crescimento e distância, pode se sentir pronto para perdoar o outro de jeitos que nunca imaginou possíveis — uma mudança inesperada que evolui à medida que você se cura.

Seu coração sabe quando já sofreu demais. Aceitar que você nunca conseguirá amor, respeito ou mesmo um pedido de desculpas de certas pessoas pode ajudá-lo a se libertar do ressentimento e lhe oferecer uma sensação de aceitação e paz. Não é possível perdoar só em pensamento, mas seu coração pode lhe mostrar esse caminho.

É compreensível que você pergunte: “Por que eu ia querer perdoar fulano? Não sou capacho!” É claro que está com raiva, desapontado e triste. Todos os seus sentimentos estão justificados. No entanto, é preciso decidir: *Quero me curar dessa situação ou quero me apegar ao ressentimento para sempre?* Não é possível ter as duas coisas. Independentemente do quanto as ações do outro foram injustas e cruéis, a dura verdade é que se apegar a ressentimentos traz mais danos a você do que ao outro. O perdão corta o vínculo do ressentimento com as dores do passado.

A empatia lhe oferece uma chance de ser extraordinário ao apontar o caminho do perdão.

Desenvolvendo a Disposição para Se Libertar dos Ressentimentos

Uma parte complicada de curar ressentimentos é a necessidade da disposição para se libertar deles — e os ressentimentos também precisam estar dispostos a libertá-lo. Eles têm vida própria. Gosto de compará-los às cracas que se prendem e se colam ao nosso corpo. Elas são bem conhecidas por sua "supercola", que lhes permite se prender a qualquer superfície por uma vida inteira. Então desapegar é um esforço conjunto. Em resposta à sua disposição em perdoar, o ressentimento também se solta de você.

Sei que desapegar dos ressentimentos é pedir demais. A raiva pode ser viciante; pode lhe dar uma sensação de poder quando estiver se sentindo impotente. Veja por exemplo meu paciente Bob, CEO de uma empresa têxtil. Ele jurou que nunca perdoaria um competidor traíra por ter lhe roubado um grande cliente. Bob parecia orgulhoso do seu ressentimento e desenvolveu uma bravata equivocada: *Ele vai se ver comigo!*

Então ele fraturou o quadril em um acidente de carro. Precisou de muitos meses para se recuperar. Em nossas sessões, ele viu que, ao se prender ao ressentimento, o competidor não estava "vendo" nada. O mais provável é que essa pessoa nem se importasse com seus sentimentos nem se arrependesse do incidente. A crise de saúde de Bob foi um choque de realidade que o ajudou a priorizar canalizar sua energia para sua própria cura, sem desperdiçá-la com ressentimentos. Esse foi um ato de autoempatia.

Ressentimentos só aumentam o estresse, drenam sua energia e ocupam espaço na sua cabeça. Por outro lado, uma pesquisa da Universidade de Stanford mostrou que o perdão diminui de forma marcante o estresse, a raiva e os sintomas psicossomáticos, um jeito muito mais energizante de se viver.[1]

O perdão é um estado de graça. Ele não acontece de uma vez só. Não é possível apressá-lo, mas é preciso querê-lo. Se não puder perdoar hoje, tente novamente amanhã. Se a ferida for recente, talvez você escolha deixar o ressentimento agir antes mesmo de considerar desapegar dele — e tudo bem. Não tente perdoar de modo prematuro. Infelizmente, vi algumas pessoas com as melhores intenções tentarem pular direto de uma perda esmagadora para o perdão antes de processarem sua dor. Esse contorno emocional costuma provir de um senso equivocado do que é espiritualmente correto, podendo levar a pessoa a reprimir seus sentimentos, que ressurgirão de maneira destrutiva.

Zoe, uma participante de uma das minhas oficinas, sentia mesmo que tinha perdoado seu namorado emocionalmente indisponível que não se comprometia com ela. Zoe levou um único dia para "superá-lo". Mas, alguns meses depois do rompimento, ela topou com ele em um restaurante. Apesar de o ex-namorado parecer distante como sempre, ela se exaltou e o repreendeu com raiva por "ter medo de assumir compromisso" e "ficar prendendo as pessoas". Essa reação intensa a surpreendeu.

Em nossas sessões, Zoe precisava expressar sua raiva contra esse homem que não se mostrava presente em vez de pular tão despreocupadamente para o perdão. Com o tempo, ela pôde ver que seu medo de assumir compromisso era uma inconveniência que limitava sua capacidade de amar. Em vez de simplesmente vê-lo com raiva ou ressentimento, Zoe conseguiu entender que ele era incapaz de lhe dar o que ela precisava. Ele não estava apenas tentando magoá-la. Isso a ajudou a conseguir empatizar com o próprio desapontamento e com os bloqueios do ex-namorado. Na vida, se não estiver em um momento propício para perdoar, não se pressione nem tente apressar o processo. Espere a hora certa.

Por outro lado, como muitos dos meus pacientes, talvez você esteja pronto e disposto a perdoar e a se libertar dos ressentimentos, mas não saiba como fazer isso. Talvez esteja cansado de carregar os fardos e as histórias já batidas do passado e queira seguir em frente. Descreverei como o perdão pode lhe fornecer tal liberdade.

A Empatia e o Ato de Se Libertar de Ressentimentos

Uma vez disposto a desapegar do ressentimento, você pode mudar de curso e escolher ver com empatia os defeitos do outro. Com um olhar empático, é possível enxergar sua superficialidade, medo e dor, que o impedem de amar ou tratar bem o próximo. Isso não compensa suas ações, mas lhe permite entender como o outro pode estar limitado, perdido e fora da realidade. Por que isso ajuda? Assim, você pode diminuir suas expectativas para que não continue sendo machucado.

Fico emocionada com o seguinte exemplo de perdão. Certa vez, uma mulher viajou para Dharamsala, na Índia, para se encontrar com o Dalai Lama. Do lado de fora do restaurante, ela viu um homem espancando um cachorro e perguntou ao Dalai Lama sobre isso. Ele lhe disse que precisamos sentir pena tanto do homem quanto do cachorro. É claro que temos todo o direito de ficarmos pasmos por tamanha brutalidade, mas não podemos parar por aí. Agora, aqui vai a estratégia para encontrar um maior estado de empatia. *Também é preciso reconhecer o sofrimento que levou esse homem a cometer tamanha violência. Você não está compactuando com isso, mas claramente percebendo a dor que motiva o homem e todos os atos de raiva. O comportamento da pessoa é motivo para pesar e luto em todos nós. Essa estratégia para encontrar empatia nos permite ver a pessoa por inteiro.*

Talvez você esteja pensando *É claro que o Dalai Lama consegue ter esse nível de entendimento, mas como é que nós, meros mortais, podemos encontrá-lo?* É aí que entra a empatia espiritual. Esse é seu eu mais admirável, que lhe permite ver com o coração a dor e as limitações alheias, das quais a pessoa talvez nem se dê conta. Os ressentimentos infeccionam na mente. A empatia nos ajuda a nos desconectar da dor que o outro causou e seguir em frente. Não é possível perdoar com a cabeça, mas o coração pode nos apontar o caminho.

A empatia é uma força relaxante e expansiva. Novamente, ela nos ajuda a nos desconectar da dor que o outro causou e seguir em frente. Inicialmente, essa abordagem pode parecer contraintuitiva, e você pode resistir a ela. Então comece com os ressentimentos menores e, pouco a pouco, passe aos maiores.

Empatizar nem que seja um pouco com os danos emocionais do outro diminuirá o poder dele sobre você, já que ficará menos preso pela raiva ou sofrimento.

A empatia nos cura ao oferecer jeitos não convencionais de reagir, talvez até despertando uma gentileza surpreendente dentro de nós. Pratique as seguintes estratégias para desapegar dos ressentimentos.

Cultivando Empatia e Perdão

Em Situações Menos Graves

Tente empatizar com os defeitos de alguém. Em um estado de tranquilidade e abertura, considere: A pessoa está com medo? Está sendo egocêntrica? Ou está sobrecarregada? Todos já passamos por isso, então fica mais fácil nos identificarmos com ela. Então, mesmo se uma única parte de você estiver pronta, diga-se: *Estou disposto a tentar perdoar fulano e seus defeitos.* Se a pessoa for receptiva, você também pode tentar abordá-la de forma direta para resolver a questão.

Em Casos Mais Destrutivos

Aqui, empatizar pode demandar muito de você, mas é possível. Para encontrar a empatia, respire fundo algumas vezes e feche os olhos. Então foque seu centro cardíaco no meio do peito. Coloque gentilmente sua palma sobre a área. Permita que a ternura e a benevolência do seu coração ajudem você a expandir para seu eu maior. Não é preciso fazer nada, apenas sentir o amor. Deixe acontecer.

Agora é possível ver você e o outro de uma perspectiva maior e mais compassiva. Permita-se empatizar com a falta de consciência ou com o sofrimento emocional que fez o outro tratar você — ou qualquer outra pessoa — tão mal. Internamente, diga-se: *Já não estou ligado a essa pessoa pela raiva ou sofrimento.* Isso deixa que você assuma seu próprio poder.

Tome cuidado ao falar diretamente com uma pessoa mais destrutiva. Se ela tiver narcisismo ou qualquer transtorno de déficit de empatia, não é comum que assuma responsabilidade por seu comportamento, e fará de você o centro do problema. Caso sinta a necessidade de se comunicar diretamente com ela, costuma ser mais fácil usar um mediador, como um terapeuta. Ele pode ajudá-lo a passar o recado e manter a conversa nos trilhos.

Obstáculos para Se Libertar dos Ressentimentos

É lógico que existem muitos "bons motivos" para se prender aos ressentimentos, e muitos amigos apoiarão sua escolha. Certamente é direito seu continuar com sua obsessão por uma pessoa cruel e deixar seu comportamento atormentá-lo. Ou você pode invocar o dom da empatia para intervir.

Ressentimentos só servem para mantê-lo preso a um relacionamento insalubre.

Pense nisso como encarar um problema de uma perspectiva expandida, examinando-o do alto de uma montanha, não do chão. Dessa vista mais alta, novas ideias podem surgir.

Pode esperar que seu ego apresente vários argumentos convincentes contra a empatia e o perdão no caso de relacionamentos atuais ou passados. Mesmo se a pessoa já não estiver na sua vida, o ego pode se prender aos ressentimentos, enquanto o coração o ajuda a se libertar deles. O ego habita uma realidade pequena e não consegue ver as opções além de si mesmo. Ele é mais lógico do que amável. Seu trabalho é proteger você, mas ele não entende como o coração também consegue fazer isso.

Esteja preparado para consolar seu ego. Mostre-lhe um pouco de empatia também. Diga a essa parte de você: *Estou só experimentando. Se eu tentar me libertar do ressentimento, e isso não funcionar, não vou insistir.* Então use as habilidades de perdão deste livro. Veja por si mesmo se elas melhoram a qualidade da sua vida e dos seus relacionamentos.

Aqui vão algumas causas comuns de ressentimento que podem apresentar obstáculos quando você quiser se libertar dele.

1. Expectativas Não Atendidas

Você espera que uma pessoa seja amável, mas ela não é. Você acha que um colega de trabalho aliviará sua carga de demandas, mas ele não o faz. É importante ver as pessoas com uma perspectiva realista de modo a não esperar que sejam alguém que não são, o que só alimenta mais ressentimentos. A aceitação abre o caminho para você alcançar a paz interior.

Janice, membro da minha Comunidade de Apoio aos Empatas no Facebook, compartilhou um relacionamento doloroso que tivera com sua amiga Laura. Janice esperava que ela agisse com mais ternura, mas a amiga nunca fez isso. Então Janice contou ao grupo: "Com muita tristeza, mas um alívio profundo, estou me afastando da amizade". Aceitar as limitações de Laura foi necessário para que Janice se libertasse de seu ressentimento.

2. Querer Sempre Estar Certo

Desapegar de um ressentimento pode ser especialmente difícil quando você sente que tem razão em seu posicionamento. O orgulho, dor e teimosia do seu ego podem convencê-lo a não perdoar. Sim, seu irmão mentiu. Sim, seu treinador te tirou do jogo que você achava que podia ganhar. É injusto. Você está com raiva, chateado e ressentido. É natural ter todos esses sentimentos. A ironia é que, por mais que você se sinta no direito de se sentir ressentido, prender-se a ele, no final das contas, não contribui para o seu bem-estar.

3. Medo de Ser Capacho ou Perdedor

As pessoas costumam se preocupar que, ao perdoar o outro ou se libertar de um ressentimento, estejam mostrando fraqueza e admitindo a própria derrota. Acontece que a verdade é o contrário. É possível perdoar alguém (ao menos seus defeitos e partes que foram feridas) e ainda estabelecer limites claros ou mesmo cortar contato. Um paciente me disse certa vez: "Fico com medo de, se perdoar minha ex-esposa, precisar deixá-la entrar na minha vida novamente". Eu lhe garanti que aquilo não era verdade, já que não havia laços que os prendessem, como filhos ou empreitadas financeiras. A decisão de interagir com ela ou não era dele.

Sua disposição em perdoar é um sinal de força e sabedoria. Ela lhe permite parar de pensar sobre a pessoa que o machucou ou de ficar remoendo o episódio. Caso seu ego não consiga perdoar, é possível apelar para a empatia espiritual. Você recorre a um poder maior cheio de compaixão e diz *Leve meu trauma. Leve minha dor. Leve minha amargura. Estou pronto para me libertar deles.*

Escrevendo Sobre Ressentimentos

No seu diário, escreva sobre pessoas com as quais você se ressente. Faça uma lista dos cinco possíveis candidatos para o perdão. Por exemplo:

- Sua sogra que só sabe criticar
- Seu filho que raramente pergunta: "Como foi seu dia?"
- Um estranho que arranhou seu carro, mas não deixou bilhete nem nada
- Um amigo que lhe deu um bolo no café em que vocês se encontrariam porque se esqueceu
- Um membro da equipe que costuma cortar você nas suas falas

Descreva se parece certo lidar com a questão diretamente com a pessoa envolvida. Se for o caso, escreva no seu diário possibilidades de abordá-la para que não dê nenhum branco quando estiverem se comunicando. Ensaie o que você quer dizer com um amigo de confiança ou um terapeuta.

No entanto, às vezes, talvez você até afirme suas necessidades ou estabeleça limites claros, mas a pessoa não os honre. Escreva isso também. Nessa situação, é preciso aceitar o outro como ele é e ter expectativas realistas ou limitar o contato. Escreva no diário qual cenário se aplica a você e como pode reagir produtivamente a ele. Quando não tiver a opção de conversar com a pessoa, explore outras escolhas no diário, como perdoar de longe o egoísmo dela. A escolha de se libertar do ressentimento ou de se prender a ele é sua.

Perdoando-se

"Agora, com a ajuda de Deus, eu me tornarei eu mesmo."

— Soren Kierkegaard, filósofo

O último a ser perdoado costuma ser você mesmo. Você pode ser a pessoa mais gentil do mundo que empatiza com o sofrimento de todos — mas talvez seja brutal com você mesmo.

O que Perdoar

Alguns comportamentos incluem se punir com pensamentos negativos e medos, engendrar situações assustadoras em que o pior acontece, culpar-se e sempre enfatizar o que você fez de errado. Talvez sinta a dor de uma sensação de vazio, uma solidão oceânica que mantém em segredo ou da qual talvez se envergonhe. Não é necessário que haja algo "errado" na sua vida para você experienciar esse estado vulnerável, que também merece empatia.

Como é o caso de todos, somos humanos. Mesmo não querendo, você vai machucar os outros. Vai errar. Vai falhar. Vai ter momentos egocêntricos. Vai desapontar as pessoas que ama. Ainda assim, um aspecto essencial da cura é se perdoar enquanto se torna mais gentil e atento.

Como Perdoar

Tente empatizar com você mesmo em todas as situações. Perdoar-se pelos seus erros não significa se eximir da responsabilidade pelo seu comportamento. Pode se sentir péssimo sobre como agiu, mas se colocar para baixo só vai atormentá-lo. Esse não é o caminho da cura.

Faça as Pazes Com Você Mesmo

Fazer as pazes com você mesmo é um jeito de se desculpar caso tenha machucado a si mesmo ou aos outros, um jeito de reconhecer sua culpa em uma interação que foi ladeira abaixo. Por exemplo, caso continue se repreendendo por ter sido demitido, pode fazer as pazes com você mesmo. Diga-se: *Desculpe ter te tratado mal. Vou tentar ser mais paciente e gentil daqui para a frente.* Cultivar o autoperdão é uma mudança saudável.

A Bênção do Autoperdão

Para começar a se perdoar, escreva no seu diário sobre as áreas em que você não se perdoa. Então faça uma declaração de perdão que possa repetir.

Por exemplo:

- Eu me perdoo pelo fim do meu casamento. A culpa não foi só minha.
- Eu me perdoo por me sentir vazio, perdido ou deprimido.
- Eu me perdoo por entrar em pânico quando meu filho disse que se demitiu. Ficarei no presente e não projetarei o medo no futuro.

O dom da empatia é que ela vai além da raiva, vergonha ou inseguranças, alcançando o plano do perdão. Talvez, pela criação que recebeu, você não aprendeu a se perdoar. Ou talvez não tenha se sentido digno de receber gentileza. Mas nunca é tarde para começar. A empatia está pacientemente esperando por você, especialmente quando acha que não a merece. Merece, sim. Todos merecemos. Perdoar-se é uma forma necessária de curar todos os aspectos da vida.

Perdoando os Outros

O perdão é um dos nossos objetivos. Vejo da seguinte forma: Alguém tem que perdoar, então por que não eu? Não quero ficar atolada de ressentimentos. É exaustivo demais. Mesmo se às vezes a ideia de dar o exemplo me deixar desconfortável, é essa pessoa que quero ser. Se essa mudança não começar comigo, como ela vai acontecer?

Seja o herói que eleva uma interação, mesmo quando é impossível interagir com o outro.

É importante se perdoar por ter machucado o próximo, de propósito ou sem querer, e fazer as pazes com ele. Digamos que, durante uma reunião, você tenha surtado com um membro da equipe que valoriza muito: "Acorda! Você não está prestando atenção". A pessoa se sentiu envergonhada e criticada por esse comentário. Para fazer as pazes com ela mais tarde, pode dizer: "Desculpe ter criticado você no grupo. Não justifica, mas estou passando muito estresse em casa e fiquei impaciente. Desculpe ter colocado você em uma posição desconfortável". Sempre é possível se desculpar, nenhum incidente é pequeno ou grande demais. Isso não significa que o outro precisa aceitar as desculpas ou que você precisa aceitá-las no caso de alguém que o machucou. Mas é importante fazer as pazes (o que pode incluir quitar uma dívida). Isso o ajuda a assumir responsabilidade pelo seu papel em uma situação em que alguém se machucou, o que pode ser libertador. Adotar o hábito de fazer as pazes mantém relacionamentos gentis e respeitosos.

Perdoando Situações Horríveis

Em níveis pessoal, local e mundial, vemos e experienciamos males indescritíveis — assassinatos, violência, crimes de ódio, governos opressivos, crises climáticas e muito mais. Como lidar com isso? Como partir para a ação? Nesses casos, a lógica não é de grande ajuda, pois só nos frustramos tentando ver sentido onde não há. A empatia ou o perdão tem um papel nisso?

Trinta anos atrás, meu gentil tio Sidney foi assassinado enquanto trabalhava em sua loja de móveis Orloff and Sons, no sul da Filadélfia. Um adolescente rebelde sob efeito de drogas atirou nele por alguns meros trocados no caixa, os quais Sidney lhe daria de qualquer forma. Meu primo, filho mais velho que também era adolescente na época, disse recentemente quando lhe perguntei sobre o assassinato: "Arrancaram meu pai de mim, sem dar satisfação nem tempo para expressar meu amor, ele só se foi para sempre". A dor que ele e o resto da família sentiram vive em cada um de nós. Eu também perguntei como meu primo se sentia, depois de tantos anos, quanto ao assassino do pai. Ele disse: "É claro que ainda sinto ressentimento e dor, mas duas vidas foram tiradas naquele dia — a do meu pai e a daquele jovem que o matou. O mais importante para mim era que esse homem passasse a vida na cadeia, o que aconteceu".

O que me emociona na reação do meu primo é que ele reconheceu abertamente a dor agonizante de perder o pai, mas, surpreendentemente, também desenvolveu um entendimento do preço terrível que aquele jovem pagou, além de empatizar com o quanto o adolescente estava perdido. De forma notável, meu primo conseguiu sustentar, ao mesmo tempo, a própria dor e a empatia pelo que o assassino perdeu. Ninguém sugeriu que ele se sentisse dessa forma, mas com o tempo, seu coração naturalmente tomou essa posição, uma forma instintiva de autocura que pode evoluir.

Alguns anos atrás, um funcionário do presídio lhe ofereceu a chance de se encontrar com o assassino do pai caso isso o ajudasse na própria cura. Meu primo recusou, mas não foi por raiva ou amargura. Ele simplesmente sentiu que isso não lhe seria útil. Trata-se de um homem gentil que não deixou essa ferida potencialmente letal impedi-lo de amar a própria família e os outros em sua vida. Meu primo carrega no peito a memória do pai, bem como o resto dos Orloff.

Nessas situações tão injustas e excruciantes, a decisão de tentar empatizar ou não com as feridas emocionais do criminoso é inteiramente sua, assim como a de tentar perdoá-lo por um ato tão hediondo. Entretanto, caso em algum momento o instinto da empatia surja em você, permita que seu coração se abra para ele o máximo que quiser como parte do seu processo de cura da tragédia.

Um perdão dessa magnitude é uma conquista espiritual profunda que nem é preciso tentar. Mas, se houver alguma parte de você que talvez queira tentar perdoar, mesmo nas circunstâncias mais horríveis, é preciso honrar esse impulso intuitivo também, o que pode ajudá-lo a se curar do trauma.

Em diversas ocasiões, tive pacientes que foram abusados pelos pais e, já adultos, um dos genitores desenvolveu uma doença terminal, então precisaram decidir se queriam cuidar dos pais. Eles me perguntavam: "Judith, o que eu faço?"

Eu lhes dizia: "Não existe certo ou errado. Você não é obrigado a cumprir esse papel para um genitor que o machucou tanto. Só faça isso se achar que é o certo". Na maioria das vezes, meus pacientes escolhem cuidar do genitor de modo mais ou menos intensivo, uma decisão que lhes agrada. Aqueles que escolheram não ajudar também se sentiram felizes com sua escolha. Então, caso você se veja em um dilema parecido, saiba que não há regras a seguir. Deixe seu coração (não sua culpa) guiar você.

Às vezes, a vida toma rumos inesperados. A mãe da minha amiga Robin, tendo sido alcoólatra e abusado emocionalmente da filha por boa parte da vida, foi diagnosticada com o mal de Alzheimer. Enquanto as habilidades cognitivas da mãe decaíam, Robin me disse: "A memória dela está tão ruim que ela se esquece de beber!" Como resultado, minha amiga teve uma mãe sóbria que, pela primeira vez, foi capaz de ser gentil com ela. Robin se sentiu tão grata por esse "milagre" que escolheu perdoar a mãe pelo passado e simplesmente aproveitar seu último ano de vida juntas.

Aceitando as Desculpas do Outro

Se alguém quiser fazer as pazes com você por um comportamento não tão ideal, é possível decidir se quer ouvir e/ou aceitar suas desculpas. Você não é obrigado a fazer nenhuma dessas coisas, mas se isso lhe parecer o certo, a experiência pode trazer uma cura mútua. Em programas de doze passos, parte da recuperação dos vícios é fazer as pazes com "o passado caótico". Os membros desses programas listam as pessoas que machucaram para que possam se responsabilizar pela dor que causaram, desculpar-se e compensar as coisas, caso seja apropriado.

Não esqueça que aceitar desculpas não significa que você confia novamente na pessoa ou que quer continuar o relacionamento que tinham. Esse processo de fazer as pazes simplesmente confere ao que pede desculpas e ao que as recebe uma oportunidade de desapegar dos ressentimentos ou da raiva para que ambos possam ter maior liberdade emocional.

O jeito mais significativo de fazer as pazes é mudar o comportamento.

A Empatia Global e o Poder da Oração

A empatia é o remédio de que o mundo precisa. Estamos sedentos por gentileza, misericórdia e mais humanidade em nossos líderes. Cansamos de tiranos. Não é novidade nenhuma que os seres humanos têm um lado medonho. No entanto, a mensagem deste livro é que não precisamos sucumbir a ele. E, caso sucumbamos, por minutos, horas ou mais, sempre é possível ajustar o curso para não deixar que esse lado nos governe.

É uma conquista profunda desenvolver o coração e deixá-lo elevar sua vida e o mundo.

A empatia e o perdão podem nos ajudar em nossa cura. Vamos focar isso em vez de ficar desperdiçando nosso tempo e energia tão preciosos com ressentimentos. Nossos principais valores precisam ser fortes, mesmo quando tudo está contra nós. Quais são seus valores? Aqui vão alguns dos meus:

> Acredito no poder de cura da empatia e do amor.
>
> Acredito que o perdão, nem que seja pouco, pode ajudar a combater o ódio.
>
> Acredito em proteger a natureza e seus lugares e criaturas selvagens.
>
> Acredito em praticar o bem e tentar fazer da Nave Espacial Terra, como o famoso arquiteto Buckminster Fuller a chamava, um lugar melhor do que quando chegamos.

Talvez você também queira tudo isso, mas a empatia e o perdão pareçam ilusórios em certas situações pessoais e globais. É aí que o poder da oração é tão valioso. A oração é quando você humildemente recorre a um poder maior: "Não consigo sozinho. Por favor me ajude".

Essas são as palavras mágicas que convidam as forças do amor e da cura a ajudar você. Isso ativa o que chamo de "corpo de oração", que é a maior parte do seu ser que se conecta ao Espírito. A oração mantém sua cabeça no céu e seus pés na terra. Imagine seu corpo de oração como um brilho acolhedor e dourado que o circula e protege. A partir daí, você pode entrar na empatia global, rezando pelo mundo e por todos os seus habitantes.

A oração pode ajudá-lo a encontrar a empatia quando você não consegue. Isso não vem do esforço ou de uma análise. Em vez disso, você se torna um receptáculo para acolher e liberar empatia para onde ela quiser ir. Rezar pelo mundo é uma atitude linda. Apesar de uma guerra ou conflito poder persistir, ao rezar, você está enviando gentileza aos montes para as vítimas que podem estar destituídas, machucadas, enlutadas, famintas ou talvez cansadas demais para continuar.

A oração é um bálsamo para o sofrimento do mundo. Ainda assim, para que a empatia global funcione, é importante não se perder na dor coletiva, um buraco negro de desespero. Há poder em partir para a ação sempre que podemos — como ao doar para causas dignas e nos manifestar sobre o que acreditamos para pessoas em cargos públicos ou posições de liderança. A oração e o discernimento podem nos ajudar a esclarecer as situações em que devemos nos envolver e aquelas em que não devemos. Continue avaliando que mudanças estão ao seu alcance. Em todas as situações, suas orações para aliviar o sofrimento dos envolvidos serão ouvidas e sentidas. A oração é uma força de cura sagrada que pode viajar grandes distâncias e trazer conforto a almas sofredoras ao redor do mundo.

Independentemente de onde você estiver, seja sentado à sua mesa, em seu quarto de meditação em Nova York ou Mumbai, ou mesmo em uma duna do Saara, suas orações podem ajudar a espalhar a esperança para pessoas distantes. Mesmo que não as conheça, elas ainda podem sentir sua benevolência e empatia. Talvez não entendam por que, de repente, sentem-se melhor, mas pode ser que respirem com mais facilidade, sintam-se revigoradas ou enxerguem uma centelha de esperança. Enviar suas orações e as energias positivas que as acompanham é uma expressão de empatia global que tem o poder de tocar o coração da nossa família humana.

• ● •

A jornada que você fez neste livro cobriu muitos aspectos da empatia. Mapeamos como ela pode ajudá-lo a se curar com gentileza, melhorar a comunicação com os outros e até aumentar a vibração do mundo. Espero ter tocado seu coração, nem que seja um pouquinho, e que você tenha sentido algo vivo e inspirador como resultado.

Explorar a empatia e ensiná-la aos outros se tornou minha missão de vida. Adoro construir e criar coisas — uma vida e um mundo melhor. É o que muitos de nós querem. Você não está sozinho na vontade de pertencimento e conexão. Precisar do outro é um instinto saudável. Quanto mais nos conectamos ao redor do mundo, mais claro, iluminado e cheio de fé o mundo pode se tornar. Lembre-se da conexão que temos uns com os outros ao seguirmos o caminho da empatia e despertar a joia radiante dos nossos corações.

EMPATIA EM AÇÃO

Uma Oração para o Mundo

Silenciosamente ou em voz alta, diga:

> Rogo para que cesse o sofrimento naqueles que estão doentes, sentindo dor ou sendo oprimidos.
>
> Rogo para que cesse o sofrimento dos opressores, assim podem aprender a amar.
>
> Rogo pela saúde do planeta e de seus ecossistemas.
>
> Rogo pela cura do coração de cada um.
>
> Rogo por aqueles que não conseguem pedir ajuda ou se sentem perdidos.
>
> Rogo pelo bem do mundo.
>
> Rogo para que todos os oprimidos superem os obstáculos e obtenham sucesso.

Rogo para que você e eu sejamos felizes e saudáveis.
Rogo pela empatia quando não consigo encontrá-la.
Sou grato pela empatia quando ela vem.
Que todos sejamos misericordiosos uns com os outros.
E nos unamos no amor.

11

Você É Importante para Mim: O Poder da União

Se nos lembrarmos daquelas épocas e lugares — e são tantos — em que as pessoas se comportavam magnificamente, isso nos dá a energia para agir e ao menos a possibilidade de colocar esse peão que é nosso mundo para girar em uma direção diferente.

— Howard Zinn, historiador estadunidense

VOCÊ É IMPORTANTE PARA mim. Não importa onde está ou o quanto possamos parecer diferentes, eu me importo com seu bem-estar e suas dificuldades. A empata em mim adora sentir esse vínculo natural com você e toda a humanidade, apesar dos nossos defeitos e fraquezas. A empatia nos aproximará e nos informa que não estamos sozinhos.

Nunca devemos desistir uns dos outros ou do mundo. Nunca devemos duvidar das capacidades edificantes que existem em cada alma. Apesar de você não poder evitar a incerteza e a dor, é possível tentar manter o coração aberto e objetivar o melhor resultado possível nas situações.

O dom da empatia é que ela nos aponta uma trajetória positiva e afirmadora. Sempre estaremos nos perguntando: *Como posso ser uma pessoa melhor? Como posso amar mais? Como posso me curar?* As vozes negativas, internas e externas, tentarão nos derrubar e nos fazer questionar se vale a pena lutar pela empatia e pela gentileza. Prepare--se para enfrentá-las. Com as ferramentas deste livro, você saberá o que fazer, independentemente do que os outros disserem.

Fique perto do que é importante para você, mesmo se forem coisas minúsculas ou improváveis. Eu me importo com o céu, o oceano, a terra e suas criaturas. Importo-me com minha saúde, felicidade e espírito. Com as pessoas que amo e meus pacientes. Eu me importo com você. Sei que há escuridão e sofrimento sem tamanho no mundo — e me comprometo a fazer o que puder para ajudar —, mas farei dessa escuridão uma parte pequena dos meus pensamentos diários, apenas uma parte do todo.

Como empata, eu queria conjurar todo o poder de cura no meu coração para fazer desaparecer a dor que você sente no seu. Quero fazer tudo do bom e do melhor para você, para mim e para todos que estão oprimidos e sofrendo. Mas, como médica, sei que não posso curar ninguém com uma varinha mágica que remove todos os problemas. Na verdade, a cura vem ao aceitarmos nosso caminho único com toda a poeira, a sujeira e as flores. Às vezes, trata-se simplesmente de sermos gratos por estarmos vivos.

A empatia cotidiana é importante. Ela o deixa parar a fim de ajudar um estranho frustrado a catar as comprar que se esparramaram no chão porque a sacola do mercado rasgou. A empatia o deixa chorar pelo simples motivo de liberar todas as lágrimas de todos os lugares onde se escondem com tanta destreza no seu corpo. Quão injustiçado o corpo não deve se sentir por guardar tantas emoções e traumas acumulados. Empatize com suas lágrimas de pesar e luto e com as dos outros também. No meu caso, sinto que a empatia é uma velhinha sábia que gentilmente pega a minha mão para me confortar. Ela sempre me amou. Posso confiar nela e em mim também.

A empatia nos ensina o poder do nosso coração, assim como o poder da união. Somos nós que habitamos este planeta juntos. Somos nós que comemos a mesma comida, bebemos a mesma água sagrada e nos banhamos na mesma luz do sol. Somos nós que fomos espalhados pelo vento para os cantos mais longínquos da Terra. Nossa espécie está praticamente em todo lugar onde há chão e céu. Temos vastos oceanos e continentes nos separando. Mesmo assim, somos uma família; talvez não tão unidos — ao menos ainda não. Deixe a empatia nos ajudar a reconhecer nossa unidade e nosso vínculo com a vida de modo que finalmente conectemos todas as partes que faltam no todo.

O que muitos astronautas conseguem compreender com maior profundidade quando veem nosso glorioso planeta do espaço é que somos um único mundo e sempre fomos. Nas palavras tão bonitas do filósofo Frank White: "Não há fronteiras ou limites no nosso planeta além daqueles que criamos em nossa mente... Todas as ideias que nos dividem... começam a desaparecer da órbita e da lua".[1] Essa percepção pode nos ajudar a nos identificarmos mais uns com os outros.

Se soubermos quem somos e pudermos lembrar isso uns aos outros, tornamo-nos mais fortes juntos. Você é um anjo. Você é um pilantra. Você é um ser humano de uma imperfeição magnífica com uma alma perfeita. Sabemos disso com a empatia. Nunca esqueça a importância e o poder do amor empáticos. Esse é um segredo tão simples, mas está escondido de tanta gente.

Que este livro o inspire a pensar sobre a empatia com novas perspectivas e a ver você e os outros de um ponto de vista mais terno. Apresentei uma série de ferramentas para acessar a empatia em várias circunstâncias. Encontre as que mais lhe convêm. Use-as todos os dias.

Costuma ser difícil lidar com os seres humanos, mas somos desenfreados e lindos, nosso brilho pode crescer rápido se nos permitirmos. Cuide bem de você e dos outros. Tente não complicar demais as coisas. No fim, tudo se resume ao amor.

Apesar de a maioria de nós nunca ter se conhecido, eu me sinto conectada a vocês. A conexão é o que alimenta a vida, e a empatia nos permite encontrar a paz. Com ambos, podemos entender este mundo juntos. Como escreveu o psicólogo William James, "Somos como ilhas no mar, separadas na superfície, mas conectadas nas profundezas".[2] Podemos encontrar um caminho melhor com a empatia. Temos o potencial para criar um futuro animador e cheio de esperança. Mas, por ora, reserve um momento para saborear o conhecimento de que você é "suficiente", e que tudo é como deve ser. Tudo está no lugar. Deixe-se simplesmente aproveitar esse sentimento maravilhoso.

Notas

Capítulo 1. O que É o Dom da Empatia? Como Se Tornar a Sua Melhor Versão

1. Barbara Quirk, "Women Need to Feel Good about Themselves", Lifestyle, *Capital Times*, 22 de julho de 2003.

Capítulo 2. Ativando o Poder de Cura da Empatia: Como Parar de Pensar Demais e Começar a Agir de Coração

1. Sun Tzu, *A Arte da Guerra* (Chungking, China: World Encyclopedia Institute, China Section, 1945).
2. Prentis Hemphill, Prentis Hemphill (site), prentishemphill.com/collectedworks.
3. Robert Eres *et al.*, "Individual Differences in Local Gray Matter Density Are Associated with Differences in Affective and Cognitive Empathy", *NeuroImage* 117 (2015): 305, doi.org/10.1016/j.neuroimage.2015.05.038.
4. Lea Winerman, "The Mind's Mirror", *American Psychological Association Monitor* 36, no. 9 (outubro de 2003): 48, drjudithorloff.com/the-minds-mirror-how-mirror-neurons-explain-empathy/.
5. Yayuan Geng *et al.*, "Oxytocin Enhancement of Emotional Empathy: Generalization Across Cultures and Effects on Amygdala Activity", *Frontiers in Neuroscience* 12 (2018): 512.
6. Leo Galland, "The Gut Microbiome and the Brain", *Journal of Medicinal Food* 17, no. 12 (1 de dezembro de 2014): 1261–72, ncbi.nlm.nih.gov/pmc/articles/PMC4259177/.
7. L. Steenbergen *et al.*, "Recognizing Emotions in Bodies: Vagus Nerve Stimulation Enhances Recognition of Anger While Impairing Sadness", *Cognitive, Affective & Behavioral Neuroscience* 21, no. 6 (21 de dezembro de 2021): 1246–61, ncbi.nlm.nih.gov/pmc/articles/PMC8563521/.

8. Suhhee Yoo; Mincheol Whang, "Vagal Tone Differences in Empathy Level Elicited by Different Emotions and a Co-Viewer", *Sensors* 20, no. 11 (junho de 2020): 3136, doi.org/10.3390/s20113136.

9. Jordan Fallis, "How to Stimulate Your Vagus Nerve for Better Mental Health", sass.uottawa.ca/sites/sass.uottawa.ca/files/how_to_stimulate_your_vagus_nerve_for_better_mental_health_1.pdf.

10. David C. McClelland; Carol Kirshnit, "The Effect of Motivational Arousal Through Films on SalivaryImmunoglobulin A", *Psychology & Health* 2, no. 1 (dezembro de 1988): 31–52, doi.org/10.1080/08870448808400343.

11. Larry Dossey, "The Helper's High", *Explore* 14, no. 6 (novembro de 2018): 393–99, doi.org/10.1016/j.explore.2018.10.003.

12. Mark Newmeyer *et al.*, "The Mother Teresa Effect: The Modulation of Spirituality in Using the CISM Model with Mental Health Service Providers", *International Journal of Emergency Mental Health and Human Resilience* 16, no. 1 (2014): 251–58, doi.org/10.4172/1522-4821.1000104.

13. D. Keltner, *Born to Be Good: The Science of a Meaningful Life* (Nova York: Norton, 2009), 53–54.

Capítulo 3. Cultivando a Autoempatia: Como Se Restaurar com Gentileza

1. Richard Schwartz, *No Bad Parts: Healing Trauma and Restoring Wellness with the Internal Family Systems Model* (Louisville, CO: Sounds True, 2021).

Capítulo 4. Removendo Obstáculos: Curando Seus Gatilhos Emocionais, Traumas e Medos

1. C. D. Cameron *et al.*, "Empathy Is Hard Work: People Choose to Avoid Empathy Because of Its Cognitive Costs", *Journal of Experimental Psychology: General* 48, no. 6 (2019): 962–76, doi.org/10.1037/xge0000595.

2. *Gaslighting* se refere à manipulação psicológica com o objetivo de diminuir a percepção da realidade e a sanidade do outro. A palavra deriva do filme de 1944 *Gaslight* [No Brasil, *À Meia-Luz*].

3. Azriel Rechel, "Science Says Silence Is Vital for Our Brains", Uplift Connect, uplift.love/science-says-silence-is-vital-for-our-brains/; Amy Novotney, "Silence, Please", *American Psychological Association Monitor* 24, no. 7 (julho/agosto 2011): 46, apa.org/monitor/2011/07-08/silence.

4. "Noise", World Health Organization (site), who.int/europe/health-topics/noise#tab=tab_1.

5. H. Riess, "The Science of Empathy", *Journal of Patient Experience* 4, no. 2 (2017): 74–77, doi.org/10.1177/2374373517699267; Oliver Sacks, *An Anthropologist on Mars* (Nova York: Vintage, 1996); Temple Grandin, *The Autistic Brain: Helping Different Kinds of Minds Succeed* (Boston: Mariner Books, 2014); Isabel Dziobek *et al.*, "Dissociation of Cognitive and Emotional Empathy in Adults with Asperger

Syndrome Using the Multifaceted Empathy Test (MET)", *Journal of Autism and Developmental Disorders* 38 (2007): 464–73, doi.org/10.1007/s10803-007-0486-x; Rebecca Armstrong, "Altogether Autism. A Shift in Perspective: Empathy and Autism", Altogether Autism, altogetherautism.org.nz/a-shift-in-perspective-empathy-and-autism/.

Capítulo 5. A Grande Arte da Escuta Empática: Como Sustentar Espaço e Apoiar os Outros

1. Jack Zenger; Joseph Folkman, "What Great Listeners Actually Do", *Harvard Business Review*, 16 de julho de 2016, hbr.org/2016/07/what-great-listeners-actually-do.
2. *The Oprah Winfrey Show* Finale, 25 de maio de 2011, oprah.com/oprahshow/the-oprah-winfrey-show-finale_1/7.
3. Heidi Hemmer, "Impact of Text Messaging on Communication", *Journal of Undergraduate Research* 9, no. 5 (2009), cornerstone.lib.mnsu.edu/jur/vol9/iss1/5; Bob Sullivan; Hugh Thompson, "Now Hear This! Most People Stink at Listening", *Scientific American*, 3 de maio de 2013, scientificamerican.com/article/plateau-effect-digital-gadget-distraction-attention/; Jacqueline B Graham, "Impacts of Text Messaging on Adolescents' Communication Skills: School Social Workers' Perceptions", site da St. Catherine University, recuperado em 2013, sophia.stkate.edu/msw_papers/184.
4. Ernest Hemingway, *Across the River and into the Trees* (Nova York: Scribner, 1996).
5. Richard Branson, "Virgin Founder Richard Branson: Why You Should Listen More Than You Talk", 3 de fevereiro de 2015, fortune.com/2015/02/03/virgin-founder-richard-branson-why-you-should-listen-more-than-you-talk/.
6. Jack Zenger; Joseph Folkman, "What Great Listeners Actually Do", *Harvard Business Review*, 14 de julho de 2016, hbr.org/2016/07/what-great-listeners-actually-do.
7. Karl Menninger; Jeanetta Lyle Menninger, *Love Against Hate* (Nova York: Harcourt, Brace and Company, 1942), 275–76; Brenda Ueland, "Tell Me More", *Ladies Home Journal*, 1941, 51.
8. Thich Nhat Hanh, *Call Me by My True Names: The Collected Poems of Thich Nhat Hanh* (Berkeley: Parallax Press, 2022).

Capítulo 6. Praticando a Empatia com Familiares, Amigos e Colegas de Trabalho (Mesmo Se Não Gostar Deles)

1. Lao Tzu, *Tao Te Ching: Text Only Edition*, trad. Jane English; Gia-Fu Feng; Toinette Lippe (Nova York: Vintage, 2012), verse 43.

Capítulo 7. Como Se Doar de Maneira Saudável: Sendo Gentil Sem Se Martirizar, Ajudar Demais ou Sofrer Burnout

1. Dalai Lama, *Ethics for the New Millennium* (Nova York: Riverhead Books, 2001) [Publicado no Brasil, *Uma Ética para um Novo Milênio*].

2. Dariush Dfarfud *et al.*, "Happiness and Health: The Biological Factors — Systematic Review Article", *Irananian Journal of Public Health* 43, no. 11 (2014): 1468–77, ncbi.nlm.nih.gov/pmc/articles/PMC4449495/.

3. Jerf W. K. Yeung; Zhuoni Zhang; Te Yeun Kim, "Volunteering and Health Benefits in General Adults: Cumulative Effects and Forms", *BMC Public Health* 18, no. 18 (2018), ncbi.nlm.nih.gov/pmc/articles/PMC5504679.

4. Vicki Contie, "Brain Imaging Reveals the Joy of Giving", National Institutes of Health, 22 de junho de 2007, nih.gov/news-events/nih-research-matters/brain-imaging-reveals-joys-giving.

5. Eva Ritvo, "The Neuroscience of Giving: Proof That Helping Others Helps You", *Psychology Today*, 24 de abril de 2014, psychologytoday.com/us/blog/vitality/201404/the-neuroscience-giving.

6. Larry Dossey, "The Helper's High", *Explore* 14, no. 6 (2018): 393–99, doi.org/10.1016/j.explore.2018.10.003.

7. Tristen K. Inagaki *et al.*, "The Neurobiology of Giving Versus Receiving", *Psychosomatic Medicine* 78, no.4 (2016): 443–53, doi.org/10.1097/PSY.0000000000000302.

8. Jason Silva, "New Definition of Billionaire: Someone who positively affects the lives of a billion people!" Facebook video, 17 de junho 2015, facebook.com/watch/?v=1589016824695930.

9. Al-Anon Family Groups, "Al-Anon's Three Cs — I Didn't Cause It, I Can't Control It, and I Can't Cure It — Removed the Blame...", al-anon.org/blog/al-anons-three-cs/.

Capítulo 8. Narcisistas, Sociopatas e Psicopatas: O que É um Transtorno de Déficit de Empatia (TDE)?

1. Emanuel Jauk *et al.*, "The Nonlinear Association Between Grandiose and Vulnerable Narcissism: An Individual Data MetaAnalysis", *Journal of Personality*, Wiley Online Library, 3 de dezembro de 2021, onlinelibrary.wiley.com/doi/full/10.1111/jopy.12692.

2. Paramahansa Yogananda, *Autobiography of a Yogi* (Bengala Ocidental, Índia: Yogoda Satsanga Society of India, 2016).

3. Yu L. L. Luo; Huajian Cai; Hairong Song, "A Behavioral Genetic Study of Intrapersonal and Interpersonal Dimensions of Narcissism", *PLoS One* 9, no. 4 (2014), doi.org/10.1371/journal.pone.0093403.

4. Kent A. Kiehl; Morris B. Hoffman, "The Criminal Psychopath: History, Neuroscience, Treatment, and Economics", *Jurimetrics*51 (verão de 2011): 355–97, ncbi.nlm.nih.gov/pmc/articles/PMC4059069/.

5. Stephen D. Benning; Christopher J. Patrick; William G. Iacono, "Psychopathy, Startle Blink Modulation, and Electrodermal Reactivity in Twin Men", *Psychophysiology* 42, no. 6 (2005): 753–62, doi.org/10.1111/j.1469-8986.2005.00353.x; Katie A. McLaughlin *et al.*, "Low Vagal Tone Magnifies the Association Between Psychosocial Stress Exposure and Internalizing Psychopathology in Adolescents", *Journal of Clinical*

Child & Adolescent Psychology 44, no. 2 (2015): 314–28, doi.org/10.1080/15374416.2013.843464.

6. Donald G. Dutton; Susan K. Golant, *The Batterer* (Nova York: Basic Books, 1995), 28–29; N. Jacobson, "Domestic Violence: What Are the Marriages Like?" American Association for Marriage and Family Therapy, outubro de 1993.

7. Josanne D. M. van Dongen, "The Empathic Brain of Psychopaths: From Social Science to Neuroscience in Empathy", *Frontiers in Psychology* 11 (2020), frontiersin.org/articles/10.3389/fpsyg.2020.00695/full.

8. Darrick Jolliffe; David P. Farrington, "Examining the Relationship Between Low Empathy and Bullying", Wiley Online Library, 17 de outubro de 2006, doi.org/10.1002/ab.20154.

Capítulo 9. Liderança Empática: Os Benefícios de Liderar com a Cabeça e o Coração

1. Jessie Borsellino, "#SoftSkillsSpotlight: 3 Lessons Oprah Winfrey Teaches Us about Empathy," SkillsCamp, 14 de junho de 2017, skillscamp.co/3-lessons-oprah-winfrey-teaches-us-about-empathy/.

2. Emily May, "10 of the Best Empathetic Leadership Quotes from Real Leaders," Niagara Institute, maio de 2020, niagarainstitute.com/blog/empathetic-leadership-quotes.

3. "Theodore Roosevelt Quotes," Theodore Roosevelt Center, theodorerooseveltcenter.org/Learn-About-TR/TR-Quotes?page=112.

4. Maureen Dowd, "Lady of the Rings", Sunday Opinion, *New York Times,* 8 de setembro de 2018, nytimes.com/2018/09/08/opinion/sunday/jacinda-ardern-new-zealand-prime-minister.html.

5. Tracy Brower, "Empathy Is the Most Important Leadership Skill According to Research," *Forbes*, 29 de setembro de 2021, forbes.com/sites/tracybrower/2021/09/19/empathy-is-the-most-important-leadership-skill-according-to-research/?sh=5985f4213dc5.

6. Richard Branson, "Understanding empathy as well as the experiences of people from different walks of life is a key skill for business leaders", LinkedIn, linkedin.com/posts/rbranson_understanding-empathy-as-well-as-the-experiences-activity-6479717793217417216-lYzS/.

7. "Microsoft CEO Satya Nadella: How Empathy Sparks Innovation", Knowledge at Wharton, 22 de fevereiro de 2018, knowledge.wharton.upenn.edu/article/microsofts-ceo-on-how-empathy-sparks-innovation/.

8. Belinda Parmar, "The Most Empathic Companies", The Empathy Index, *Harvard Business Review*, 20 de dezembro de 2016, hbr.org/2016/12/the-most-and-least-empathetic-companies-2016.

9. Mark Divine, *The Way of the SEAL: Think Like an Elite Warrior to Lead and Succeed* (Nova York: Trusted Media Brands, 2018).

10. Vanita Noronha, "The Day My Gut Feelings Led Me Astray", *New England Journal of Medicine* 382 (14 de maio de 2020): 1880–81, nejm.org/doi/full/10.1056/NEJMp1917572.

11. Abraham Lincoln, Second Inaugural Address, 4 de março de 1865, Biblioteca do Congresso.

Capítulo 10. A Bênção e a Cura do Perdão: Liberando Ressentimentos e Construindo Empatia

1. Frederic Luskin, "The Art and Science of Forgiveness", *Stanford Medicine* 16, no. 4 (verão de 1999), sm.stanford.edu/archive/stanmed/1999summer/forgiveness.html.

Capítulo 11. Você É Importante para Mim: O Poder da União

1. Frank White, "Opening Remarks at Launch of Academy in Space Initiative", Frank White (site), 14 de abril de 2016, frankwhiteauthor.com/article/2016/04/opening-remarks-at-launch-of-aisi.

2. William James, "Confidences of a 'Psychical Researcher'", *The American Magazine* 68 (1909): 589, en.wikiquote.org/wiki/William_James.

Índice

D

E

F

G

H

I